基于概率语言信息的多准则决策方法研究

MULTI-CRITERIA DECISION MAKING APPROACHES BASED ON PROBABILISTIC LINGUISTIC INFORMATION

于素敏◎著

知识产权出版社
全国百佳图书出版单位
—北京—

图书在版编目（CIP）数据

基于概率语言信息的多准则决策方法研究/于素敏著．—北京：知识产权出版社，2022.7

ISBN 978-7-5130-7897-9

Ⅰ．①基…　Ⅱ．①于…　Ⅲ．①决策方法—研究　Ⅳ．①C934

中国版本图书馆 CIP 数据核字（2021）第 248153 号

内容提要

概率语言术语集是模糊语言决策领域较为新颖的信息表达形式，本书系统分析了概率语言术语集的构造特点、规范化原则、运算规则、比较规则、距离测度、集结算子和决策范式等，内容主要包括基于距离测度的概率语言多准则决策方法、基于随机占优度的概率语言多准则决策方法、基于证据推理的概率语言多准则决策方法、基于共识水平测度的概率语言多准则群决策方法等。

本书能够为管理科学、计算机科学、信息管理、工程技术等领域对模糊决策感兴趣的研究者提供极大的参考价值，为从事模糊决策和群体决策等相关研究的高校师生提供有益的启发。

责任编辑：韩　冰　王海霞　　**责任校对：**王　岩
封面设计：回归线（北京）文化传媒有限公司　　**责任印制：**孙婷婷

基于概率语言信息的多准则决策方法研究

于素敏　著

出版发行：知识产权出版社有限责任公司	**网　　址：**http://www.ipph.cn
社　　址：北京市海淀区气象路 50 号院	**邮　　编：**100081
责编电话：010-82000860 转 8126	**责编邮箱：**hanbing@cnipr.com
发行电话：010-82000860 转 8101/8102	**发行传真：**010-82000893/82005070/82000270
印　　刷：北京九州迅驰传媒文化有限公司	**经　　销：**新华书店、各大网上书店及相关专业书店
开　　本：720mm×1000mm　1/16	**印　　张：**11
版　　次：2022 年 7 月第 1 版	**印　　次：**2022 年 7 月第 1 次印刷
字　　数：205 千字	**定　　价：**69.00 元

ISBN 978-7-5130-7897-9

前　言

概率语言术语集由多个语言评价值及与其对应的概率值构成。利用概率语言术语集可以将大量的语言评价信息以完整、简洁的方式记录在一个数据单元中。按照概率值之和是否为1的原则，将概率语言术语集分为完备概率语言术语集和不完备概率语言术语集。在研究实际概率语言多准则决策问题过程中，可根据准则下的评价信息为完备概率语言术语集或不完备概率语言术语集、准则下概率语言信息存在缺失得到三类概率语言决策问题，对这三类概率语言决策问题进行研究具有重要的理论价值和现实意义。目前，针对概率语言术语集基础理论及相关多准则决策问题的研究才刚刚起步。本书对基于概率语言信息的多准则决策方法进行了系统深入的研究，所做主要工作包括以下几个方面。

（1）针对完备概率语言决策问题，定义了新的概率语言术语集的运算规则及比较规则，利用本书定义的概率语言术语集的比较规则进行运算时，可避免因下标与概率值直接进行运算而产生的大量概率语言术语集被认为相等的情况，从而得到合理的结果。随后，定义了新的概率语言术语集的距离测度，在权重完全已知的情况下，提出了基于距离测度的概率语言 MABAC 方法；在已知准则优先关系的情况下，提出了基于距离测度的概率语言 VIKOR 方法。利用本书中所定义的概率语言术语集的距离测度，可直接计算任意两个概率语言术语集之间的距离，在保证结果合理的前提下简化了计算过程。所提两种方法的决策结果可靠有效，可辅助决策者迅速做出决策。

（2）当利用随机决策理论解决完备概率语言决策问题时，将概率语言术语集转换为对应的累积分布函数，利用累积分布函数定义了新的概率语言随机占优准则，并基于概率语言随机占优准则定义了概率语言随机占优度。随后，在权重已知的条件下，提出了基于随机占优度的概率语言 PROMETHEE 方法；在权重未知的条件下，受 SMAA 方法通过搜索权重向量空间找到最优权重向量的启发，提出了基于 SMAA 和随机占优度的概率语言多准则决策方法。概率语言随机占优度从另外一个角度对两个概率语言术语集之间的差异进行了衡量，基于此提出的两种方法也为决策者解决完备概率语言决策问题提供了新思路。

（3）针对不完备概率语言决策问题，本书按照直接对不完备概率语言术语集进行融合处理的思路提出了两种决策方法：基于加权和证据推理的概率语言多准则决策方法以及用于处理权重未知问题的基于证据推理和 BWM 的概率语言多准则决策方法。其中，基于证据推理和 BWM 的概率语言多准则决策方法减轻了决策者在权重分配方面的操作对决策结果的影响程度，保证了决策结果的可靠性。

（4）针对概率语言决策矩阵中存在残缺的决策问题，提出了残缺概率语言矩阵联合规范化方法及决策组权重计算方法，定义了三种决策情形下残缺概率语言矩阵之间的距离测度公式，构建了计算决策组权重的模型，并将对决策方案的共识水平测度考虑到方案排序的过程中，提出了基于共识水平测度的概率语言多准则群决策方法，以获得更加科学可靠的决策结果。

（5）对概率语言多准则决策问题进行了描述，结合酒店评估方面的案例，利用 Tripadvisor 网站的酒店评论信息，举例说明了概率语言术语集的获取过程，并应用不同实例中的数据对本书所提方法进行了实例分析和对比分析，由此验证了基于概率语言信息的多准则决策方法在实际决策问题中的可行性与有效性。

本书得到了我的博士生导师王坚强教授的精心指导和充分关心，从选题、思路的整理、框架的构建到最后的修改和定稿，老师都给予了宝贵的指导意见，使我终生难忘，也将使我受益终身！本书写作过程中参考了国内外很多专家学者的论著，出版过程中得到了知识产权出版社编辑的大力支持和帮助，在此表示诚挚的谢意。

本书研究成果得到了国家自然科学基金项目（71901151）和深圳大学管理学院高水平大学建设经费的资助，在此表示诚挚的感谢！

由于作者学识水平和时间的限制，书中难免存在疏漏或不足之处，恳请读者和同行批评指正，不胜感谢。

目 录

1 绪 论

1.1 研究背景及研究意义

1.1.1 研究背景

决策是指人们为达到既定的目标，从若干可供选择的方案中选取最满意方案的过程。目前，关于决策问题中评价值与准则权重信息均为精确数值的决策情形，已有诸多成熟的决策方法。但在实际决策过程中，准则权重信息不完全、外部环境复杂多变、决策者认知局限性等因素都使得决策者很难给出精确的决策信息，而且精确的数值并不能完全准确地传递出决策者想要表达的决策信息。在现实决策中，许多决策信息都是以语言短语形式给出的，人们往往更倾向于给出类似于优、良、中、差这样的定性评估信息。因此，越来越多的学者开始关注基于语言信息的决策问题，并在理论研究和应用方面取得了很多成果。随后，国内外学者纷纷提出直觉模糊语言集、犹豫模糊语言集等拓展集合，用以描述决策过程中产生的不同决策信息，基于这些决策信息的多准则决策方法也被用于解决不同决策问题。

犹豫模糊语言集是模糊语言模型的一种扩展形式，可以同时描述模糊信息以及决策者对语言信息的犹豫，但并未体现其对语言信息的偏好程度。为了弥补这一缺陷，庞琦等学者提出了概率语言术语集，概率语言术语集中的元素由语言评价值（或语言项）及其相应的概率组成，其中语言评价值来自选定的语言术语集，概率可以解释为决策者赞同某个语言评价值的比例，也可表述为决策者对各个给定语言信息的偏好程度。例如，在全球知名的旅游网站 Tripadvisor（猫途鹰）上，1000 名住客对某酒店的“服务质量”进行了评价，其中 600 名住客认为该酒店在该指标下的表现稍好（s_3），230 名住客认为一般（s_2），170 名住客认为稍差（s_1），那么这些评价信息可用概率值之和等于 1 的概率语言术语集（称为完备概率语言术语集）表示为 $\{s_1(0.17), s_2(0.23), s_3(0.6)\}$。由于消费者认知水平不同，若有 100 名住客未给出该指标的评价信息，则可用概率之和小于 1 的概率语言术语集（称为不完备概率语言术语集）$\{s_1(0.17), s_2(0.23), s_3(0.5)\}$ 描述已有的评价信息，以体现出缺失的评价信息。

概率语言术语集中同时包括决策者给出的语言评价值以及决策者对各个语言评价值的偏好程度或赞成度，将大量的语言评价信息以完整、简洁的方式记录在一个数据单元中，也可体现出决策群体中评价信息的缺失情况。在实际问题中，可根据每个准则下的概率语言评价信息评估酒店或做出其他科学合理的决策，这类问题即为概率语言多准则决策问题。如果评价者对这类决策问题有较为全面而准确的了解，他们就可以给出所有准则下的评价信息；反之，评价者则会有选择性地给出若干个准则下的评价信息。因此，根据准则下的评价信息是否存在缺失，可以将概率语言多准则决策问题细分为以下三类：一是每个准则下均存在大量的语言评价信息，所有评价者针对各个准则均给出了语言评价信息，需采用完备概率语言术语集综合描述每个准则下的大量语言评价信息，这类决策问题称为完备概率语言多准则决策问题；二是各个准则下都存在大量的语言评价信息，但并不是所有的评价者都给出了对应的语言评价信息，存在部分评价者未针对某些准则给出评价信息的情况，需采用不完备概率语言术语集描述评价信息，这类决策问题称为不完备概率语言多准则决策问题；三是随着各个准则下给出评价值的评价者数目的减少，某些准则下的评价值完全缺失，这类决策问题称为概率语言信息残缺的多准则决策问题（也称残缺概率语言多准则决策问题）。

概率语言术语集能够准确而简洁地描述大量语言评价信息，研究并提出解决概率语言多准则决策问题的方法，从而帮助并指导人们做出合理的决策，具有现实应用价值，但目前相关研究较少。因此，本书将基于现有的研究成果，对上述所提三类问题进行有针对性的研究，根据问题特点提出相应的解决方法，随后选择酒店评估等实际案例对所提方法进行科学论证，以期进一步丰富语言决策理论和拓展概率语言多准则决策方法的应用范围。

1.1.2 研究目的及意义

针对评价信息是以概率语言术语集的形式表示的决策问题，本书提出了一系列概率语言多准则决策方法，并将所提决策方法应用于实际决策问题中。具体研究目的详述如下。

（1）丰富概率语言术语集的基础理论。利用概率语言术语集、证据推理、随机多目标可接受度分析等方面的基础理论，针对概率语言信息和随机概率语言信息，定义适用于不同语义环境的运算规则、比较规则、距离测度、随机占优测度等，为后续研究奠定基础。

（2）提出解决概率语言多准则决策问题的方法。提出了基于距离测度的概率语言多准则决策方法、基于随机占优度的概率语言多准则决策方法、基于证据推理的概率语言多准则决策方法及基于共识水平测度的概率语言多准则群决策方法。用这四种方法来解决本书划分的三类概率语言多准则决策问题。

（3）拓宽概率语言多准则决策方法的应用范围。结合实际案例阐述如何获取概率语言评价信息，明确概率语言多准则决策方法的应用场景和适用的决策问题，将所提决策模型应用于现实中的概率语言多准则决策问题。分析采用所提决策方法获得的决策结果与实际情形的差异，以验证所提方法的可行性、有效性和适应性，为解决相关管理决策问题提供参考，为决策者做出更合理且可靠的决策提供理论依据。

目前，概率语言术语集的相关研究刚刚起步，相应的决策方法及其应用有待进一步研究。本书将概率语言术语集引入以在线评论为数据源的多准则决策问题中，以概率语言术语集描述在线评论信息，对概率语言术语集的基础理论和概率语言决策方法进行研究，并通过实际案例分析验证其科学性。本书的研究成果不仅能丰富概率语言决策理论与方法，还可拓宽概率语言术语集的应用范围，通过挖掘和分析在线评论中有价值的信息，辅助人们提高决策的科学性，在理论和实际应用两个方面都具有重要价值。

1.2 国内外研究现状

在本书的研究中，概率语言决策方法是利用概率语言术语集描述语言评价信息，并依据所提出的模糊多准则决策模型或随机决策模型对这类评价信息进行处理的决策方法。已有关于模糊多准则决策和随机多准则决策的理论研究成果，为本书的研究提供了可借鉴的思路。此外，概率语言术语集是基于犹豫模糊语言集定义的集合，现有的犹豫模糊语言多准则决策方面的研究成果也可作为本书的研究基础。因此，下面将对模糊多准则决策方法、随机多准则决策方法、犹豫模糊语言多准则决策方法以及概率语言多准则决策方法的研究成果进行现状分析。

1.2.1 模糊多准则决策方法研究现状

经过几十年的发展，模糊多准则决策（Fuzzy Multi-criteria Decision-making，FMCDM）理论和方法已在经济规划[1,2]、风险评估[3]、环境保护以及经济效益综合评价等诸多方面获得广泛的实际应用。在现有研究成果中，集结算子、模糊测度、证据推理和共识模型等均是 FMCDM 问题的研究热点，本书的研究内容也将围绕上述四个研究热点展开，因此本节将从这四个方面综述和分析模糊多准则决策方法的研究现状。

1. 基于集结算子的多准则决策方法研究现状

在多准则决策问题中，决策信息的有效集结是关键步骤，因此，进一步研究决策信息的集结方式尤为重要。决策者通常利用集结算子对决策信息进行融合处理，得到综合决策信息。查阅相关文献可以发现，各个领域的学者已提出许多有效的模糊集结算子。集结算子可解决准则之间有关联或无关联的决策问题，根据集结算子解决的问题类型可将其分为以下两类。一类集结算子用于解决准则相互独立的决策问题，主要考察数据自身重要性程度或数据所在位置的重要性程度。这类算子包括信息融合领域最常见的（加权）算术平均算子及（加权）几何平均算子[4,5]，还包括考虑到每个数据所在位置重要性程度的有序加权（几何）平均算子[6-8]。随后，为了能更好地解决不同的决策问题，很多学者基于上述集结算子进行了深入的研究。例如，Yager 和 Filev 提出了诱导有序加权平均算子[9]，Merigo 和 Gil-Lafuente 提出了诱导广义有序加权平均算子[10]。另一类集结算子用于解决准则之间存在关联性的决策问题，主要包括考虑优先关系的 Power 算子[11]、Prioritized 算子[12]和考虑准则间相互关联的 Choquet 模糊积分算子[13]、Bonferroni 平均（BM）算子[14]、Heronian 平均（HM）算子[15]。Power 算子[16]、Prioritized 算子[17]最初由 Yager 提出，随后其他学者基于 Power 算子、Prioritized 算子提出了一系列算子[18,19]。例如，Liu 等[20]提出了 Power 广义平均算子、Power 广义加权平均算子和 Power 广义有序加权平均算子，并应用在区间中智模糊决策环境中。此外，一些学者对 Choquet 模糊积分算子、BM 算子和 HM 算子也进行了广泛研究，如 Joshi 和 Kumar[21] 提出区间直觉犹豫模糊 Choquet 积分算子，Zhang[22] 提出区间直觉模糊几何 BM 算子，Yu[23] 提出直觉模糊 HM 算子，同时，这几种算子均被应用在 FMCDM 问题中。除上述所列算子以外，许多混合模糊算子陆续被提出，如区间直觉模糊 Power BM 算子[24]、单值中智 Prioritized BM 算子[25]等。基于集结算子的模糊多准则决策方法简单易行，现在仍有大量学者在对其进行深入且广泛的研究，以期解决实际生活中存在的 FMCDM 问题。

2. 基于模糊测度的多准则决策方法研究现状

明确决策信息之间的差异或相近程度通常是决策过程中一个必需的环节，为此，许多学者提出了各种各样的测度，常用的测度包括距离、相似度、投影、相关性、熵、可能度和占优关系等[26-28]。其中，距离包括 Hamming 距离、Euclidean 距离、Hausdorff 距离等[29]，相似度分为向量相似度、基于距离的相似度以及混合相似度等[30]。上述测度均可用于定量表征不同决策信息的差异程度，但各个测度之间存在差别。Zadeh[31] 首次提出模糊集的熵，用于测量信息的模糊程度，De Luca 和 Termini[32] 界定了熵需满足的条件。随后，Liu[33] 明确地定义了模糊集的距离测度、相似性测度及熵，给出了这三个测度需满足的相应性质，并指明了这三个测度之间存在的关联，在满足测度应具有的性质的前提下，通过模糊集的距离测度可得到模糊集的相似性测度和熵。投影测度与距离测度相比，可以从距离及角度两个方面揭示决策信息之间的差别[34,35]。相关性测度可表示两个变量如何以线性方式运动，即其能反映两个变量之间的线性关系[36]。虽然 Gerstenkorn 和 Mańko[37]在 1991 年定义了直觉模糊集的相关性测度，并给出了其具有的性质，但未给出相关性测度应满足的其他性质。Chaudhuri 和 Bhattacharya [38]在 2001 年指出，传统的相关性测度本质上是统计，并不适用于模糊集，基于模糊集的隶属度提出了模糊集的相关性测度，随后给出了模糊集的相关性测度应满足的七条性质及其相关证明。可能度可表示一个方案优于另外一个方案的程度[39]，可根据可能度得到占优关系。同时，基于上述测度，学者们提出的 FMCDM 方法主要有 TOPSIS、VIKOR、MABAC、ELECTRE、PROMETHEE、QUALIFLEX 等。其中，TOPSIS[40]、VIKOR[41]和 MABAC[42]是基于理想点解的多准则决策方法，通过计算各个方案的评价值与确定的理想方案的接近程度，对方案进行评价。而 ELECTRE[43]、PROMETHEE[44]和 QUALIFLEX[45]为基于方案间占优关系的方法，通过判定各准则下方案间的占优关系，得到方案的优先序列。此外，此类方法在解决准则类型不一致的决策问题时，因无须对不同准则下的评价信息进行规范化处理，所以优势更加突出。已有学者将上述基于测度的方法扩展到直觉模糊、犹豫模糊语言和区间二型模糊等模糊环境中，提出了直觉模糊集的距离测度[46]、犹豫模糊术语集的相似性测度[29]、直觉模糊集的熵[47]、区间二型模糊集的可能度测度和占优关系[48]，并基于上述测度提出了对应的模糊多准则决策方法。

3. 基于证据推理的多准则决策方法研究现状

上述方法多是建立在评价信息完全情境下的 FMCDM 方法，然而在实际决策中，决策环境是复杂的且具有不确定性，决策者可能无法给出所有的评价信息，因此存在评价信息缺失的决策情形。为解决这类不确定性决策问题，Yang 和 Singh[49]将证据理论、模糊数学及效用理论结合起来，提出了基于 D－S 理论和分布式建模框架的证据推理方法。Yang 和 Xu[50]提出了根据证据理论融合证据时必须满足的四个公理，成为后续研究中利用证据推理解决问题的理论基础。随后，为了融合带有不确定性的准则值，Yang 等[51]对证据推理方法的基本特征进行了研究，提出了新的证据推理方法。与其他常用的模糊多准则决策方法相比，证据推理方法是基于分布式建模框架提出的，可保持精确数据和不确定主观判断之间的一致性。目前，证据推理已在FMCDM问题中得到广泛应用。例如，Zhang等[52]提出一种基于模糊规则的证据推理方法，并将其运用到内河运输系统的风险评估中。Zhou等[53]将证据推理应用于基于犹豫模糊语言的投资问题中，解决了离散评价信息聚合的难题。Chen等[54]将证据推理用于聚合每个决策者的决策矩阵和准则的权重，得到聚合后每个决策者的决策矩阵，并用于解决公司投资问题。Guo等[55]基于证据推理算法构造了几种偏好规划模型，而Liu等[56]则利用基于证据推理的模糊规则建立了一个单目标和多目标非线性优化模型来分析工程系统的安全性。为了对发动机增压系统的可靠性进行准确预测，Hu等[57]提出了基于证据推理算法的可靠性预测技术。Fu和Wang[58]定义了区间差分，并提出了基于证据推理的区间差分方法，用于评估行政车的性能。Kong等[59]基于证据推理方法构建了医疗质量评估与融合框架，可用于合并定量数据和定性评价。目前，仍有很多学者在对证据推理方法进行研究，以应用于准则评价值不完全的模糊多准则决策环境。

4. 基于共识模型的多准则决策方法研究现状

在群体决策中，当准则评价值的不完全程度较大，甚至完全缺失时，证据推理方法的优势将会减弱，此时，可采用共识模型获得最终决策结果。群体共识水平测度是群体共识达成的依据和前提。为使群体共识水平满足预先设定的阈值要求，可能需要某些决策者对其给出的评价信息进行一定程度的调整。通常在群体决策中，完全一致的决策结果很难获得且获得成本很高，所谓“软共识”（Soft Consensus）被认为是一种较为现实的、考虑获得成本之后较为合理的共识概念。软共识，即决策结果能够得到大多数决策者认可，群体共识水平达到某一限度要求即可（不一定要求群体共识水平达到1）。目前，对群体共识水平测度和共识模型的研究已取得很多成果。在基于语言项或其扩展形式的决策问题中，Herrera等[60]、Bordogna等[61]、Herrera等[62]和Parreiras等[63]重点关注评价信息以语言值（并非其扩展形式）给出的决策问题中的群体共识水平测度公式和共识过程。Herrera-Viedma等[64]提出了一个共识支持系统，用以解决多粒度语言偏好关系的群决策问题，该支持系统由多粒度语言方法层、共识测度和指导建议系统三部分组成。Mata 等[65]针对评价信息以多粒度语言值给出的决策问题提出了一个自适应的共识支持系统模型。Cabrerizo 等[66]关注不平衡模糊语言评价信息的共识模型。Xu 等[67]和 Pang 等[68]研究不确定语言信息下的多准则群决策问题中的共识水平测度和共识过程。Dong 等[69]在犹豫语言信息下，建立了共识过程中最小化调整次数的优化模型。Dong 等[70]提出了评价信息以多粒度不平衡二元语义偏好关系给出的共识模型。Wu 和 Xu[71]研究了犹豫模糊语言偏好关系信息下的一致性达成和共识达成问题，构建了旨在提高一致性指数的收敛运算法则，在共识模型中建立了反馈机制。Zhang 等[72]针对概率语言偏好关系信息提出了一种共识模型。在协调处理共识达成过程中可能存在的非合作行为方面，Palomares 等[73]基于模糊聚类分析方法和共识水平测度，给出了发现非合作行为的方法，并提出了采取权重惩罚以处理非合作行为的思想。Xu 等[74]基于决策者共识水平测度，提出了同时考虑少数意见和非合作行为的共识模型。Dong 等[75]提出了动态生成决策者权重的方法，并将其运用于协调处理非合作行为的共识过程中。另外，在以最小调整量为目标的共识模型研究方面也取得了一些成果。Zhang 等[76,77]建立了多准则群决策背景下基于最小调整量的共识模型。Gong 等[78]指出了共识过程中最小成本和最大收益的对偶性。Wu 等[79]将社会网络引入基于最小调整量的共识水平测度和共识达成模型构建中。

需要指出的是，在本书拟解决的决策问题中，评价信息是通过对 Tripadvisor 网站的真实酒店评论信息进行统计获取的，不宜对其进行二次调整。因此，本书定义了决策群体关于各方案的共识水平测度公式，并将各方案的共识水平融合到方案的排序过程中，以期获得更科学可靠的决策结果。

综上，关于模糊多准则决策的理论研究已取得了较丰硕的成果，并且在实际决策问题中也得到了成功的应用。集结算子、模糊测度、证据推理、共识模型因其各自的特性被用于处理不同类型的决策问题，但随着决策问题中评价信息的变化，现有的方法已不再适用于新产生的问题，如共识模型很少被用于研究残缺评价信息背景下的共识达成问题。在这种情况下，如何根据实际决策情形改进现有决策模型，还有待进一步研究。

1.2.2 随机多准则决策方法研究现状

随机多准则决策方法是一类以准则值为随机变量的多准则排序选优方法，是决策领域的一个重要分支[80]。随机多准则决策理论和方法已被应用于设施建设[81]、供应商评价[82]、产品生命周期评价[83]、环境工程[84]等众多领域。由于实际决策环境的复杂性和不确定性、决策对象本身的模糊性，以及人类专业水平和知识容量的局限性，决策者所提供的决策信息通常具有随机性、模糊性、灰色性或多重不确定性[85]。将随机多准则决策问题转化为模糊多准则决策问题或者直接转化为确定型多准则决策问题是不合理的，因此随机多准则决策问题引起了诸多国内外学者的研究兴趣，这些学者提出了一系列决策方法。本小节将对基于随机占优的随机多准则决策方法、基于随机多准则接受程度分析（Stochastic Multicriteria Acceptability Analysis，SMAA）的随机多准则决策方法以及其他随机多准则决策方法进行现状综述。

1. 基于随机占优的随机多准则决策方法研究现状

将不确定随机变量的期望效用值作为准则值来解决随机多准则决策问题时，通过决策者的评价信息，效用函数应足够精确，但这是实际中不存在的理想决策情形。Martel 和 Zaras[86]首次提出了一阶随机占优准则、二阶随机占优准则及三阶随机占优准则，并构建了用于规范评价信息的占优关系，基于随机占优准则提出了决策方法，利用该方法可在不精确效用函数的基础上判断两个备选方案之间的关系是“优于”还是“无差异”，进而得到方案的偏序或全序。随后，Zaras[87,88]结合基于粗糙集的决策方法和各个准则下方案之间的随机占优关系，提出了随机多准则决策方法，对方案进行排序。而 Nowak[89]认为当方案间存在“优于”关系时，应细分为“强优于关系”和“弱优于关系”，并基于随机占优准则和 ELECTRE Ⅲ 提出了方案排序方法。之后，Nowak[90]为了处理离散型随机信息，提出了一种名为 INSDECM 的随机多准则决策方法。该学者又在方案随机占优关系的基础上，结合 ELECTRE Ⅲ的双阈值模型以及定义的各准则的期望水平，利用交互方法对模型进行适度调整，进而解决离散型随机多准则决策问题[91]。但方案之间的优先关系无法定量确定强弱程度，导致无法得到方案的完全序。因此，Zhang 等[92]提出了随机占优度的概念，张尧和樊治平[93]根据随机占优关系定义了随机占优度，并依此得到各方案的总体相对随机占优程度，进而对方案进行排序。同时，张尧和樊治平[94]根据近似随机占优准则定义了近似随机占优度，计算各方案的总体相对近似随机占优程度，从而获取方案序列。Liu 等[95]基于随机占优度和 PROMETHEE Ⅱ提出了解决随机多准则决策问题的方法。

2. 基于 SMAA 的随机多准则决策方法研究现状

20 世纪 90 年代末，Lahdelma 等[96]提出了 SMAA 方法，基于蒙特卡罗模拟，以最小矛盾满足所有决策者的要求，在解决决策者偏好信息不明确的决策问题时具有良好的表现。SMAA 方法利用了计算机模拟技术，提高了决策过程的科学性，因其不要求决策者明确表达自己的偏好信息，特别适用于现实公共政策决策，因此获得了广泛关注。原始的 SMAA 方法只考虑某些方案排在第一位的可接受度，忽略了其排在序列其他位置时的可接受度，Lahdelma 和 Salminen 等[97]考虑方案位于序列各个位置的可接受度，提出了 SMAA－2 方法。基于双阈值模型和优序关系，Lahdelma 和 Salminen[98]再次优化了 SMAA 方法，提出了 SMAA－3 方法。为了处理准则值为序数型数据的随机多准则决策问题，Lahdelma 等[99]提出了 SMAA－O 方法。不少学者将 SMAA 和经典决策模型进行结合，以使其更有效地解决现实生活中的决策问题。如 Angilella 等[100]结合 SMAA 和 Choquet 积分决策模型，将 SMAA－Choquet 模型应用在汽车评价问题中。Corrente 等[101]对 SMAA 和 PROMETHEE 方法进行结合，给出了相应的决策方法并将其应用于汽车选择问题。Okul 等[102]结合 SMAA 和 TOPSIS 方法，将 SMAA－TOPSIS 随机多准则决策方法应用于药物的风险效益分析。此外，SMAA－PO[103]、SMAA－AHP[104]和 SMAA－ELECTRE[52]方法也得到了众多学者的关注。

3. 其他随机多准则决策方法研究现状

有些学者针对准则值为正态随机变量、区间粗糙随机变量和正态粗糙随机变量的多准则决策问题进行了研究。刘洋等[105]运用正态随机变量计算公式和 Choquet 积分计算公式对正态随机变量的准则值进行集结。针对准则值为正态随机变量的多准则决策问题，Wang 等[106]给出了对数正态分布加权集结算子、有序加权集结算子和混合集结算子。针对准则值为区间粗糙随机变量的多准则决策问题，王坚强和唐平[107]提出一种基于区间粗糙集结算子的决策方法。针对准则值为正态粗糙随机变量的多准则决策问题，Yang 等[108]应用随机粗糙正态分布集结算子对准则值进行集结。对于准则值为正态随机变量的多准则决策问题，学者们大多是依据 3σ 原则将正态分布数转换为区间数后进行处理，这样可能会导致决策信息的丢失。为了解决这一问题，Lourenzutti 和 Krohling[109]将 Hellinger 距离的概念引入随机多准则决策（Stochastic Multi-criteria Decision-making，SMCDM）环境中，旨在直接处理概率分布而不需要进行任何转换。Mousavi 等[110]提出一种结合蒙特卡罗模拟和 VIKOR 的决策方法，以解决准则值为语言变量的 SMCDM 问题；针对准则值和自然状态出现概率均为梯形模糊数的 SMCDM 问题，Peng 等[111]提出基于前景理论的多准则决策方法；针对准则值为勾股模糊数的 SMCDM 问题，Peng 等[112]定义了新的距离测度和记分函数，并提出基于前景理论和后悔理论的决策方法。除此之外，很多学者对准则值为区间模糊数[113]、区间直觉模糊数[114,115]的模糊随机决策问题进行了研究。

综上所述，随机多准则决策研究方法一般是直接运用随机占优准则区分各个准则下方案间的占优关系，并基于随机占优和 SMAA 进行决策，能有效处理决策中模糊性和随机性共存的问题，具有很大的适用性。但用于处理语言等相关随机变量的方法较少，考虑将随机占优准则、随机占优度及 SMAA 方法拓展到概率语言环境中，以期解决相应的决策问题。

1.2.3 犹豫模糊语言多准则决策方法研究现状

语言变量是指值非数字而是自然或人工语言中的词或句子的变量[116]，决策者可采用语言变量的形式给出评价信息，使评价信息更便于反映决策者的真实意见。其描述信息的优势吸引了大量的研究学者，众多研究成果顺势而出[117-120]。语言变量通常是由定性的语言值组成的，如一般、好、很好。决策者通常采用单个语言值[116]、二元语义模型[121]以及不确定语言变量[122]来描述问题。在现有成果中，存在四种较为常见的处理语言变量的方法：①在运算过程中，语言下标的值直接参与运算时即为语言变量参与运算[123,124]；②借助研究中得到的隶属函数[125,126]及转换规则，语言变量被转换成梯形模糊数或二型模糊集[127]等集合，处理转换后的集合视为处理语言变量[128,129]；③为了较为完整地转述语言变量描述的不确定性，将语言变量转换为云模型[130,131]；④与第一种方法较为类似，语言变量经语言转换函数[132]转换得到对应的实数值，但此时的实数值隶属［0，1］，此种方法可通过调整语言转换函数，使得语言决策方法能适用于不同的语境。现有研究主要围绕基于集结算子提出语言多准则决策方法[133-137]展开。

虽然语言变量在描述信息时具有较多优势，但传统的语言变量也存在一定的局限性，为使其更好地表示语言决策信息，研究学者提出了二元语义模型[121]和不确定语言变量[122]，随后基于二元语义模型和不确定语言变量提出大量的多准则决策方法，但大多数学者是基于不同的集结算子提出不同的决策方法。

既有二元语义诱导 Euclidean 有序加权平均距离算子[138]等较为复杂的算子，也有拓展的二元语义混合加权几何平均算子[139]、二元语义广义有序加权平均算子[140]等较为简单的算子。此外，基于 Bonferroni 算子、Choquet 积分算子、双 Muirhead 算子等经典的理论，二元语义加权几何 Bonferroni 平均算子[141]、诱导拓展二元语义混合几何平均算子[142]、诱导广义二元语义 Choquet 加权平均算子[143]、非均衡语言二元语义幂平均算子[144]及二元语义双 Muirhead 平均算子[145]纷纷被提出。针对不确定语言变量，也已有大量的研究成果，除了较为简单的不确定语言有序加权几何算子[146]和诱导不确定语言有序加权平均算子[147]等集结算子以外，还有不确定纯语言加权几何平均算子、诱导不确定纯语言混合几何平均算子[148]、不确定纯语言混合 Harmonic 平均算子[149]以及诱导不确定纯语言混合 Harmonic 平均算子[150]。根据 Choquet、Shapley、Bonferroni 平均等相关理论研究成果，不确定语言 Choquet 平均算子、广义 Shapley 不确定语言 Choquet 平均算子[151]、不确定语言优先加权 Harmonic 平均算子[152]、不确定语言几何 Bonferroni 平均算子[153,154]以及不确定语言 Harmonic 平均算子[155]相继被提出。同时，还有一些比较特殊的集结算子，如考虑评价值之间相关性的诱导广义不确定语言相关平均算子[156]。

决策者给出评价信息时，可能会在几个语言值之间产生犹豫，为了科学地描述这种决策状态，Rodriguez 等学者基于模糊语言模型，提出了犹豫模糊语言术语集（Hesitant Fuzzy Linguistic Term Set）[157]，但有时决策者给出评价值时使用的是不连续的语言变量，所以犹豫模糊语言术语集可以拓展到犹豫模糊语言集。关于犹豫模糊语言术语集集结算子的研究已取得一定成果。Rodriguez 等[157]首先提出了犹豫模糊语言术语集的包络，将集合看作语言值的区间，提出了集结算子和相应的多准则决策方法；之后，这种方法被应用到群决策环境中[158]。HFLTS 的模糊包络[159]可以在一定程度上保留语言表达的模糊性，它是通过模糊隶属函数和有序加权平均算子[8]对集合中的元素进行集结而确定的。Lee 和 Chen[160]提出犹豫模糊语言加权平均算子、犹豫模糊语言加权几何算子、犹豫模糊语言有序加权平均算子和犹豫模糊语言有序加权几何算子，并基于可能度和算子提出解决模糊群决策问题的方法。Wei 等[161]定义了犹豫模糊语言术语集的凸运算和可能度计算公式，并提出了犹豫模糊语言有序加权平均算子等集结算子。

在犹豫模糊语言术语集的测度方面，Liao 等[29]提出了犹豫模糊语言术语集的距离测度和相似性测度，并构造了相应的 TOPSIS 多准则决策方法。Liao 和 Xu[162]提出了基于犹豫模糊语言术语集的余弦距离和相似度测度、加权余弦距离和相似度测度、有序加权余弦距离和相似度测度。Zhu 和 Xu[163]给出了构造犹豫模糊语言偏好关系矩阵的方法，通过一致性测度确定方案排序。但是，在上述文献中，当进行比较的两个集合不等长时，较短的那个集合需要根据决策者的风险偏好添加元素直至两个集合等长，这和犹豫模糊集的拓展方法[164]类似。但这样的主观添加会改变原始数据，所以这种方法也存在一定的缺陷。此外，Wang 等[165]和 Wang 等[166]定义了犹豫模糊语言术语集的占优关系，并对其具有的性质进行了详细的说明，随后，基于此提出了 ELECTRE 多准则决策方法。

采用犹豫模糊语言术语集所描述的信息的确比单个语言值丰富且便利，能更好地表达模糊的或不确定的信息。但是这种理论所要求的“集合中包含连续的语言值”并不是很合理，而且在实际运算中很难一直遵守（如集合的并集运算）。因此 Wang[167]对 HFLTS 进行了拓展，提出了扩展犹豫模糊语言术语集（Extended Hesitant Fuzzy Linguistic Term Set，EHFLTS），允许非连贯语言项的存在。尽管 EHFLTS 已经可以处理群决策中的评价信息，但是这个集合没有考虑语言项的权重或出现频数的问题。当评价值中某个语言值重复多次出现时，说明给出该项语言评价值的决策者群体对该语言值认可度较高，对其他只有部分决策者给出的语言值认可度较低，此时，若高认可度的语言评价值与低认可度的语言评价值在集合中的频数均为1，则扭曲了决策者的初始意愿。由此，有学者提出语言项可重复的多值犹豫模糊语言术语集[168]，旨在如实记录语言项出现的频数。也有基于连续语言集[169]的犹豫模糊语言集[170]被提出，集合由犹豫模糊语言元素组成，每个元素又是一个包含若干个可不连续的语言值的集合，这些集合中的语言项可以重复，也可以不重复。元素不可重复的犹豫模糊语言集结算子[170]和元素可重复的犹豫模糊语言集结算子[168]也均被提出，并被应用到群决策问题中。

综上所述，语言评价信息直观易懂，与人们的认知非常接近，当决策者在几个可能的语言项之间犹豫不决时，犹豫模糊语言能更好地处理这种情况。目前，已经有很多学者在基于犹豫模糊语言信息的融合[158,168]、测度[171,172]、优序关系[165,166]以及偏好关系[158,163]等方面进行了研究，并将相应的决策方法应用于评价与选择[173-175]、中医诊断[172]、房地产市场决策支持[172]等领域。

1.2.4 概率语言多准则决策方法研究现状

基于扩展犹豫模糊语言术语集的模型会随着语言项的增多而运算越来越复杂。为此，Zhang 等[176]提出了语言分布评估的概念，语言分布评估由两部分构成，分别为语言术语值及对应的概率值。随后，考虑到语言术语集的非一致性和非对称性，Wu 等[177]又提出了多粒度、不平衡语言分布评估之间的转化函数。Wu 等[178]认为在群决策过程中，基于群体观点的语言分布不利于群体决策，其定义了一个最大支持度模型。Huang 等[179]将语言分布应用到失效模式与风险分析中，从而更好地发挥了该方法在实际决策中的作用。但语言分布评估中的概率值必须为1，为了更好地同时描述语言项及其概率分布情况，在犹豫模糊语言术语集和扩展犹豫模糊语言术语集的基础上，Pang 等[180]提出了概率语言术语集（Probabilistic Linguistic Term Set，PLTS），允许语言值对应的概率值之和小于1，如概率语言信息的形式可为 $\{s_2(0.2),s_3(0.4),s_4(0.3)\}$，其含义是：某个备选方案的评价值为 s_2 的概率是20%，评价值为 s_3 的概率是40%，评价值为 s_4 的概率是30%。其中，概率也可以解释为群决策中支持某个语言评价值的比例。参考文献［180］中首次定义了 PLTS 的运算规则与比较规则，同时，为了解决评价信息为概率语言的多准则群决策问题，提出了基于概率语言的扩展逼近理想值法和基于概率语言集结算子的决策方法。利用 PLTS 来刻画定性的决策信息，具有很大的灵活性和优势。本书认为语言分布评估为概率语言术语集的一种特殊形式。

随后，Gou 和 Xu[181]指出庞琦等所定义的运算规则会导致运算结果超出语言术语集的边界，并有可能丢失相应的概率信息。因此，他们使用等效变换函数定义了新的运算规则，并进行了验证和对比分析。Bai 等[182]用图解法分析 PLTS 的结构，定义了用于比较 PLTS 的可能度公式。相比于原来基于记分函数和精确度函数的比较规则，新的比较规则对于有相同元素的 PLTS 之间的比较更具有合理性和适用性。Zhang 等[183]提出了概率语言偏好关系（Probabilistic Linguistic Preference Relation，PLPR），并讨论了 PLPR 的一致性问题。Liang 等[184]将几何 BM 算子扩展到概率语言环境中，提出了概率语言几何 BM 算子及加权概率语言几何 BM 算子，并将其与灰色关联分析方法进行了结合，提出了概率语言多准则群决策方法。Liao 等[185]定义了加权偏差平方测度，用于测量规范概率语言正理想解与各种方案下的各个规范概率语言评价向量之间的差异，随后根据决策者的主观和客观评价定义了非一致性系数和一致性系数，并利用线性规划模型得到准则权重，提出了 PL－LINMAP 方法，用于解决包含概率语言信息的多准则决策方法。Cheng 等[186]提出一种有效的交互方法，用于处理概率语言环境下的风险投资多准则群决策问题。Liu 等[187]将 TODIM 方法扩展到概率语言环境中，提出了扩展的 TODIM 方法，用于处理概率语言多准则群决策问题。为了解决权重完全未知和部分已知的大群体概率语言群决策问题，Zhang [188]定义了概率语言距离测度，并基于一致性与共识提出了用于确定群组权重的模型，随后提出了一个新的概率语言加权算术平均算子，用于集结各方案的评估值。Zhang 和 Xing[189]定义了一种新的概率语言术语集的比较方法，构建了可得到准则客观权重的去模糊化函数，进而提出了概率语言 VIKOR 方法，用来确定零售企业绿色供应链中使用绿色原材料的合理时间窗，辅助企业进行决策。

目前，关于概率语言术语集的研究才刚刚起步，现有的研究成果并没有完全发挥出其描述信息的优势，需要对其进行深入研究。而且，现有的研究成果存在一些不足：①当这些运算规则与记分函数、精确函数相结合构建比较规则时，无法满足一些基本的数学性质（即当 $h_1 > h_2$ 且 $h_3 > h_4$ 时，$h_1 + h_3 > h_2 + h_4$ 未必成立），因此，依据这些比较规则所得到的结论有可能是错误的；②在概率语言术语集的运算规则和比较规则中，概率部分的数值直接与语言值相乘，即将不同含义的信息直接融合，这样的处理方式完全扭曲了概率语言术语集的特质，所以亟须改进。因此，有必要系统地研究 PLTS 的运算规则、比较规则和测度等基础理论，并将其拓展至更多的实际应用领域。

上述方法虽各具特色，但是仍存在一些缺陷。多数决策方法是将犹豫模糊语言术语集看成区间值，但实际上这个集合是由离散的语言值组成，不适合用连续的语言值来替代。同时，在现有研究中，解决包含语言值的决策问题时，大多需要将语言值处理转换为实数值或其他模糊集形式，转换过程中可能会忽略语言值之间存在的语义差别。当决策者人数较少，并且决策者使用语言术语集中的单个语言评价值对方案进行评价时，这些语言评价值可用犹豫模糊语言术语集来表示。当语言评价信息较多时，若依旧使用犹豫模糊语言术语集描述决策者对方案做出的评价，会使得犹豫模糊语言术语集中的元素个数过多，造成计算的愈加烦琐。在这种情况下，使用概率语言术语集描述多个决策者对方案的评价值则更加合理。因此，有必要深入研究概率语言多准则决策问题。

1.3 需进一步研究的问题

1. 概率语言术语集的基础理论

现有关于概率语言术语集的运算规则主要分为两类。第一类是借鉴期望值的计算方法，将每个元素中语言项的下标和对应概率直接相乘，计算结果变成犹豫模糊语言集。概率在运算过程中被完全吸收，后续运算中容易出现运算对象不对等的逻辑问题。第二类是将语言评价值和概率分开处理，同类型的数据进行运算，但这种处理方法没有考虑到两个部分之间的关联性。因此，如何在运算过程中恰当地处理两个部分的信息，还有待进一步研究。

同时，基于期望值的记分函数、精确函数以及距离也是基于上述运算规则的思想来定义的，所以存在同样的不足。而且，如果语言项的下标直接参与运算，那么语言评价值的模糊性就会在运算过程中丢失。因此，定义更为合理的概率语言术语集的运算规则、比较规则和各种测度是需要进一步研究的问题。

2. 基于概率语言信息的决策方法

概率语言术语集中已知语言评价值的概率之和通常等于 1（即完备概率语言信息），也可能小于 1（即不完备概率语言信息）。现有研究中，对于概率语言信息完备的决策问题，因运算规则、比较方法等大多忽略语言值，可以考虑将完备概率语言信息当作一个整体进行处理，或从概率分布的角度出发，将其看作随机变量。因此，在模糊多准则决策方法和随机多准则决策方法相关理论的基础上，构建解决完备概率语言多准则决策问题的模型的方法亟待研究。

此外，当概率语言信息不完备时，决策者通常会采用规范化方法，使每个概率都等比例地增加，直至总和等于 1。这种规范化方法虽然易操作，但却不是处理不确定信息的最佳选择。同时，当概率之和等于 0 时，会出现该项概率语言信息的缺失，现有研究中未涉及上述问题。因此，在现有研究的基础上，有必要深入研究如何合理解决不完备概率语言决策问题及概率语言信息存在缺失的决策问题。

3. 概率语言决策方法的应用

目前，概率语言决策方法应用研究方面的成果较少，涉及的范围较窄，没有充分发挥概率语言术语集在描述大量语言评价信息方面的优势。因此，如何在现实决策问题中获取概率语言形式的数据，如何利用概率语言决策方法分析数据、解决实际问题，有待进一步研究。

1.4 研究内容、创新点和本书结构

概率语言术语集由语言评价值（或语言项）及其相应的概率组成，其中语言评价值是从选定的语言术语集中选取的，概率可以解释为决策者赞同某个语言评价值的比例。单人决策时，语言值表示决策者对方案给出的评价信息，

该评价信息对应的概率值表示决策者对该评价信息的偏好程度。群体决策时，语言评价值及其概率值可以表示决策群体对方案给出的语言评价信息的概率分布情况。此外，若决策者无法明确给出其对评价信息的所有偏好程度或群体决策中的部分决策者未对方案做出评价，会出现评价信息不完备，即概率值之和小于 1 的情况，此时也可用概率语言术语集描述决策者对方案的评价信息。因此，本书将对概率值之和为 1 的概率语言术语集（$\{s_2(0.3), s_3(0.4), s_4(0.3)\}$）和概率值之和小于 1 的概率语言术语集（$\{s_2(0.2), s_3(0.4), s_4(0.3)\}$）进行分析，以现有的概率语言决策理论为起点，结合模糊多准则决策、随机多准则决策及犹豫模糊语言决策理论，研究完备概率语言、不完备概率语言多准则决策问题及概率语言信息残缺的多准则决策问题。基于距离测度、随机占优度、证据推理以及共识水平测度提出相应的解决方法，并利用酒店评估等实际案例分析用所提方法解决实际问题的可靠性。根据以上研究内容，本书的创新点体现在以下方面。

（1）研究概率语言术语集的基础理论时，定义了适用于不同语义环境的概率语言术语集的运算规则；基于语言转换函数，定义了概率语言术语集的记分函数和精确函数，并在此基础上定义了概率语言术语集的比较规则。同时，本书定义了概率语言术语集的距离测度和随机占优度，基于已定义的距离测度公式，构建了残缺概率语言共识水平测度公式，为解决不同的概率语言多准则决策问题奠定了基础。

（2）研究概率语言多准则决策方法时，针对包含完备概率语言信息、不完备概率语言信息以及概率语言信息存在缺失的决策问题，分别提出了基于距离测度、随机占优度和证据推理的概率语言多准则决策方法以及基于共识水平测度的概率语言多准则群决策方法。所提方法能应对权重已知和权重未知的不同情况，同时适用于不同的语义环境，具有较大的灵活性。

（3）应用概率语言多准则决策方法时，界定完备概率语言、不完备概率语言及概率语言信息残缺三类决策问题，明确了相应的数据收集方法，通过酒店评估中的实际案例验证了本书所提方法的可行性与有效性。对于与酒店评估类似的管理决策问题，可根据问题的特点，选择本书中提出的概率语言多准则决策方法加以解决并得到合理的结果。

本书共有 7 章。第 1 章和第 2 章是本书的研究基础，其中，第 1 章详述了本书的研究背景、研究目的及意义，并对国内外研究现状进行综述，引出本书的研究问题；第 2 章为本书所提方法的理论基础。第 3 ~ 第 6 章为本书的主体研究部分。其中，第 3 章和第 4 章分别从不同角度对完备概率语言多准则决策问题进行了研究，区别在于第 4 章是将完备概率语言术语集处理为随机变量后进行决策，根据决策情形的差异，这两章所提方法也有所不同。第 5 章和第 6 章对两种准则值不完备的概率语言多准则决策问题进行了研究，但两章的研究对象不同，第 5 章研究不完备概率语言多准则决策问题，第 6 章研究概率语言信息残缺的多准则决策问题。第 7 章对本书的研究进行了总结与展望。本书的逻辑结构如图 1－1 所示。

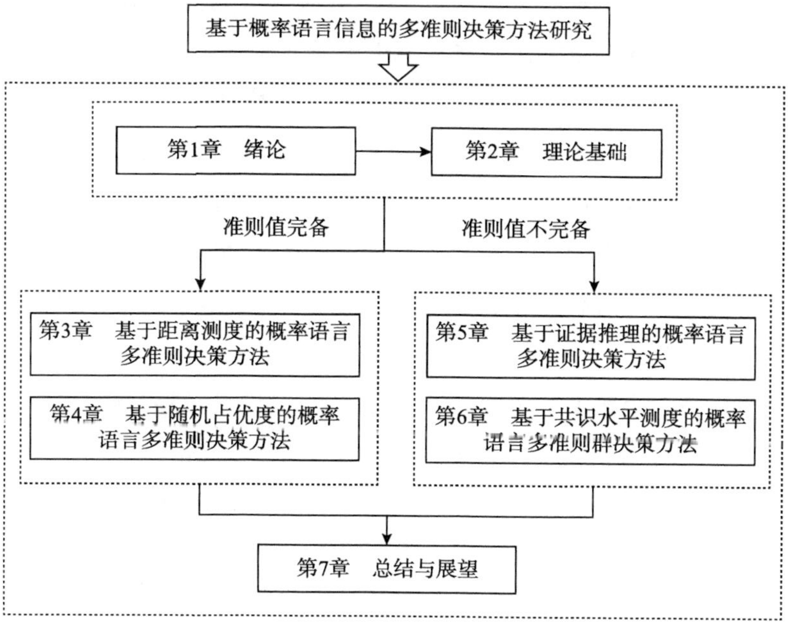

图 1－1　本书的逻辑结构

注：准则值完备指概率语言术语集中的概率值之和等于 1；准则值不完备包括两种情况，一种情况是概率语言术语集的概率值之和小于 1，另一种情况是概率值之和等于 0，即概率语言矩阵中存在元素缺失。

每个章节的研究内容详述如下。

第 1 章是绪论，首先引出了本书的研究背景，说明了研究意义，对与本书研究相关的模糊多准则决策方法、随机多准则决策方法、犹豫模糊语言多准则决策方法及概率语言多准则决策方法的研究现状进行综述，同时指明需要进一步研究的问题，随后对本书的主要研究内容、创新点及各章节之间的逻辑关系进行了简要说明。

第 2 章是理论基础，首先对语言变量的概念及语言转换函数进行介绍；随后对概率语言术语集的定义、现有的运算规则及比较规则进行讨论，并提出了新的概率语言术语集的运算规则和比较规则；最后对与本书所提方法有关的随机多目标可接受度分析、证据推理及一些经典的多准则决策方法进行了详细介绍。

第 3 章对完备概率语言术语集进行了研究，定义了概率语言术语集的比较方法和距离测度，并对相关性质进行了证明及讨论，随后提出了分别用于解决权重已知和权重未知的概率语言多准则决策问题的方法：基于距离测度的概率语言 MABAC 方法和基于距离测度的概率语言 VIKOR 方法。需要指出的是，本章对概率语言多准则决策问题进行描述，并结合酒店评估这一实际决策问题给出相应的案例背景，同时，第 3 ~ 第 6 章针对不同条件下的问题得到不同的数据，旨在解决同一背景下的不同决策问题。在针对本章的决策问题得到相应的数据后，通过决策过程分析、与相关方法的对比分析，总结所提方法的优势及其适用问题。

第 4 章从另一个角度对完备概率语言术语集进行了研究，首先以概率语言术语集的概率分布为突破点，定义了概率语言随机占优准则及随机占优度，并对其相应的性质进行了详细讨论；在此基础上，提出了基于随机占优度的概率语言 PROMETHEE 方法以及基于 SMAA 和随机占优度的概率语言多准则决策方法；最后，对所提方法进行案例分析及对比分析，总结其优势及不足。

第 5 章对不完备概率语言术语集进行了研究，针对权重已知和权重未知的不完备概率语言多准则决策问题，从直接融合不完备概率语言术语集的角度出发，提出了基于加权和证据推理的概率语言多准则决策方法以及基于证据推理和 BWM 的概率语言多准则决策方法；随后进行了案例分析，并对所提方法与其他方法进行了对比分析，验证了所提方法的可行性与有效性。

第 6 章对包含残缺矩阵的概率语言决策问题进行了研究，根据多准则决策问题中决策者选取准则时的心理态度，将准则的选取划分为三种情形，提出了残缺概率语言矩阵联合规范化方法；在此基础上，构造了获取决策组权重的模型，随后基于共识水平测度提出了解决问题的方法，在方案排序过程中，使用考虑方案共识水平的综合评价值替代决策者给出的方案评价值，能够使决策者获得更加科学可靠的决策结果；最后，通过实例和对比分析验证了所提方法的有效性。

第 7 章总结了前六章中所做的研究工作及研究过程中取得的成果，并对未来的研究进行了展望。

2 理论基础

本章对概率语言术语集的基础理论及本书中涉及的决策方法进行了详细陈述，为本书后续研究提供理论基础。首先，介绍了语言变量及语言转换函数；其次，介绍了概率语言术语集的定义、运算规则及比较规则，并根据现有规则存在的问题，定义了新的运算规则和比较规则；最后，介绍了随机多目标可接受度分析、证据推理及一些经典的多准则决策方法。

2.1 语言变量及语言转换函数

2.1.1 语言变量

定义 2－1[190,191] 假设 $S=\{s_t \mid t=0,1,\cdots,2T\}$ 为一个语言术语集，其中 s_t 为语言变量，且具有以下性质：

① 有序性：如果 $\alpha>\beta$，则 $s_\alpha>s_\beta$。

② 存在负算子：$\mathrm{neg}(s_\alpha)=s_{2T-\alpha}$。

$2T+1$ 为语言术语集的粒度。例如，如果 $T=2$，则该语言术语集的粒度为 5，语言术语集定义为 $S=\{s_0=$ 很差$,s_1=$ 差$,s_2=$ 一般$,s_3=$ 好$,s_4=$ 很好$\}$，决策者可取语言术语集中的“一般”或“很好”等语言项对方案进行评价。

为方便计算，徐泽水将上述离散的语言术语集 $S=\{s_t \mid t=0,1,\cdots,2T\}$ 扩展为连续的语言术语集 $\bar{S}=\{s_\alpha \mid s_0\leqslant s_\alpha\leqslant s_l,\alpha\in[0,l]\}$。若 $s_\alpha\notin S$，则 s_α 为运

算过程中产生的语言项，无实际意义。

2.1.2 语言转换函数

在某些语言情境下，“好”和“很好”之间的差距与“好”与“一般”之间的差距不同，转换后的数值之间的差值也应有所不同。因此，王坚强和吴佳亭等定义了三种常用的语言转换函数，用于转换语言值。

定义 2 - 2[132] 假设 $S=\{s_t \mid t=0,1,\cdots,2T\}$ 为一个语言术语集，θ_i 是一个实数值，$\theta_i \in R^+$（$R^+=\{r \mid r \geqslant 0, r \in R\}$），语言术语集中的语言值 s_i 到实数值 θ_i 的映射构成函数 f: $s_i \rightarrow \theta_i$（$i=0,1,2,\cdots,2T$），其中，$0 \leqslant \theta_0 < \theta_1 < \cdots < \theta_{2T}$。

函数 f 关于 s_i 的下标 i 单调递增，在不同的语境下，可选择不同的语言转换函数对语言值 s_i 进行转换。三种常用的语言转换函数定义如下。

（1）鉴于现有研究中存在直接利用语言值的下标代替语言值参与运算的情况，定义函数 $f_1(s_x)$，使语言值 s_x 转换后得到的实数值形成等差数列。$f_1(s_x)$ 可定义如下：

$$f_1(s_x)=\theta_x=\frac{x}{2T} \quad (x=0,1,2,\cdots,2T)$$

（2）基于韦伯 - 费希纳定理[192]，在单方向上，随着语言值的增大，两个相邻的语言值之间的距离逐渐增大。但在人类认知中，“好”与“差”具有完全不同的意义。因此，基于参考文献［193］，定义函数 $f_2(s_y)$，使语言值 s_y 转换后得到的实数值在以中心值为基准，向“好”和“差”两个方向移动时，相邻语言值之间的差值越来越大。$f_2(s_y)$ 可定义如下：

$$f_2(s_y)=\theta_y=\begin{cases}\dfrac{a^T-a^{T-y}}{2a^T-2} & (y=0,1,2,\cdots,T)\\[2ex] \dfrac{a^T+a^{y-T}-2}{2a^T-2} & (y=T+1,T+2,\cdots,2T)\end{cases}$$

其中，参数 $a \in [1.36, 1.4]$。

（3）基于前景理论中的价值函数，定义函数 $f_3(s_z)$，与函数 $f_2(s_y)$ 不同，函数 $f_3(s_z)$ 使得语言值 s_z 转换后得到的实数值在以中心值为基准，向“好”

和“差”两个方向移动时，相邻语言值之间的差值越来越小。$f_3(s_z)$ 可定义如下：

$$f_3(s_z) = \theta_z = \begin{cases} \dfrac{T^{\alpha} - (T - z)^{\alpha}}{2T^{\alpha}} & (z = 0,1,2,\cdots,T) \\ \dfrac{T^{\beta} + (z - T)^{\beta}}{2T^{\beta}} & (z = T+1,T+2,\cdots,2T) \end{cases}$$

其中，α，$\beta \in (0, 1]$。若 $\alpha = \beta = 1$，则函数 $f_3(s_z) = f_1(s_x)$。

引入连续的语言术语集，定义函数 $f^*: \bar{S} \to R^+ (R^+ = \{r \mid r \geqslant 0, r \in R\})$，在计算过程中，$f^*$ 为 $f_1(s_x)$、$f_2(s_y)$ 和 $f_3(s_z)$ 中的任意一个函数，且其存在逆函数 f^{*-1}：$R^+ \to \bar{S}$。

2.2 概率语言术语集

概率语言术语集由语言值及其对应的概率值组成，用于描述大量的语言评价值，不仅能描述评价值中包含的语言值，还可以说明这些语言值的分布情况，以反映决策者评价值中所含语言值的偏好分布。

2.2.1 概率语言术语集的定义

定义 2-3[180] 假设 $S = \{s_t \mid s_0, s_1, \cdots, s_{2T}\}$ 为一个语言术语集，则 $L(p) = \{s_{\theta(k)}(p^k) \mid k = 1,2,\cdots,\#L(p)\}$ 为一个概率语言术语集，其中，$s_{\theta(k)} \in S$，$p^k \geqslant 0$，$\sum_{k=1}^{\#L(p)} p^k \leqslant 1$，$\#L(p)$ 表示 $L(p)$ 中语言变量的个数。

例 2-1 假设 $S = \{s_0 =$ 非常差，$s_1 =$ 差，$s_2 =$ 一般，$s_3 =$ 好，$s_4 =$ 非常好$\}$，在某一准则下，多个决策者对同一方案进行评价时，60% 的决策者认为这个方案“好”，20% 的决策者认为这个方案“一般”，10% 的决策者认为该方案“差”，另有 10% 的决策者没有对该方案做出评价。此时，可用概率语言术语集 $L(p) = \{s_3(0.6), s_2(0.2), s_1(0.1)\}$ 来描述所有决策者在这一准则下对该方案做出的评价。

定义 2－4[180] 假设 $L(p)=\{s_{\theta(k)}(p^k)\mid k=1,2,\cdots,\#L(p)\}$ 为一个概率语言术语集，$\theta(k)$ 是语言值的下标，计算 $\theta(k)p^k$ 的值，并依此调整 $L(p)$ 语言值及其对应的概率值的位置，若 $L(p)$ 中的 $s_{\theta(k)}(p^k)$ 按照降序排列，则 $L(p)$ 为有序概率语言术语集。

例 2－2 假设概率语言术语集 $L(p)=\{s_1(0.4),s_2(0.4),s_3(0.2)\}$，可知 $L(p)$ 中语言值的下标与对应概率值的乘积分别为 0.4，0.8 和 0.6，通过调整 $L(p)$ 中语言值及其对应的概率值的位置，使其成为有序概率语言术语集，即 $L(p)=\{s_2(0.4),s_3(0.2),s_1(0.4)\}$。

2.2.2 概率语言术语集的运算规则

定义 2－5[180] 假设 $L_1(p)=\{s_1^{k_1}(p_1^{k_1})\mid k_1=1,2,\cdots,\#L_1(p)\}$ 和 $L_2(p)=\{s_2^{k_2}(p_2^{k_2})\mid k_2=1,2,\cdots,\#L_2(p)\}$ 为任意两个有序概率语言术语集，则概率语言术语集的运算规则如下：

(1) $L_1(p)\oplus L_2(p)=\cup_{s_1^{k_1}\in L_1(p),s_2^{k_2}\in L_2(p)}\{p_1^{k_1}s_1^{k_1}\oplus p_2^{k_2}s_2^{k_2}\}$
$=\cup_{s_1^{k_1}\in L_1(p),s_2^{k_2}\in L_2(p)}\{s_{1k_1\cdot p_1^{k_1}+2k_2\cdot p_2^{k_2}}\}$。

(2) $L_1(p)\otimes L_2(p)=\cup_{s_1^{k_1}\in L_1(p),s_2^{k_2}\in L_2(p)}\{(s_1^{k_1})^{p_1^{k_1}}\otimes(s_2^{k_2})^{p_2^{k_2}}\}$
$=\cup_{s_1^{k_1}\in L_1(p),s_2^{k_2}\in L_2(p)}\{s_{(1k_1)^{p_1^{k_1}}\cdot(2k_2)^{p_2^{k_2}}}\}$。

(3) $\lambda L_1(p)=\cup_{s_1^{k_1}\in L_1(p)}\{\lambda p_1^{k_1}s_1^{k_1}\}$
$=\cup_{s_1^{k_1}\in L_1(p)}\{s_{\lambda p_1^{k_1}\cdot(1k_1)}\},\lambda\geqslant 0$。

(4) $(L_1(p))^{\lambda}=\cup_{s_1^{k_1}\in L_1(p)}\{s_{(1k_1)^{p_1^{k_1}}}\},\lambda\geqslant 0$。

其中，$1k_1$ 和 $2k_2$ 分别为 $s_1^{k_1}$ 和 $s_2^{k_2}$ 的下标。

但是，上述运算规则存在一定的局限性，即两个概率语言术语集的运算结果为语言术语集，下面用一个例子来说明。

例 2－3 设 $S=\{s_t\mid t=0,1,\cdots,2T\}=\{s_0,s_1,s_2,s_3,s_4,s_5,s_6\}$，两个概率语言术语集为 $L_1(p)=\{s_5(0.65),s_6(0.2),s_4(0.1)\}$，$L_2(p)=\{s_4(0.6),s_2(0.4)\}$，权重 w_1 和 w_2 均为 0.5，则利用定义 2－5 计算时，有 $L_{12}(p)=w_1L_1(p)\oplus w_2L_2(p)=\{s_{0.6},s_1,s_{1.4},s_{1.8},s_{2.025},s_{2.825}\}$。

在概率语言决策问题中，两个概率语言术语集经过运算后得到语言术语集，导致后续决策过程中无法使用基于概率语言信息的决策方法。为获得合理的运算结果，本书定义了概率语言术语集的凸运算与逆运算，具体运算规则如下。

定义 2－6 假设 $L_1(p)=\{s_1^{k_1}(p_1^{k_1})\mid k_1=1,2,\cdots,\#L_1(p)\}$ 和 $L_2(p)=\{s_2^{k_2}(p_2^{k_2})\mid k_2=1,2,\cdots,\#L_2(p)\}$ 为两个概率语言术语集，则运算规则如下：

(1) $CC_L(w_1,L_1(p),w_2,L_2(p))=w_1\otimes L_1(p)\oplus w_2\otimes L_2(p)$

$$=\bigcup_{(s_1^{k_1}(p_1^{k_1}))\in L_1(p),(s_2^{k_2}(p_2^{k_2}))\in L_2(p)}\{s_1^{k_1}(w_1p_1^{k_1}+w_2p_2^{k_2})\}。$$

(2) $L_1(p)^C=\{s_{(2T-1k_1)}(p_1^{k_1})\mid k_1=1,2,\cdots,\#L_1(p)\}$。

其中，$k_1=k_2$，$w_i\geqslant 0$（$i=1$，2），$w_1+w_2=1$，$1k_1$ 为 $s_1^{k_1}$ 的下标。

例 2－4 设 $S=\{s_t\mid t=0,1,\cdots,2T\}=\{s_0,s_1,s_2,s_3,s_4,s_5,s_6\}$，两个概率语言术语集分别为 $L_1(p)=\{s_5(0.65),s_6(0.2),s_4(0.1)\}$ 和 $L_2(p)=\{s_4(0.6),s_2(0.4)\}$，$w_1=0.5$，$w_2=0.5$，$T=3$。则运算结果如下：

$$L_1(p)=\{s_0(0),s_1(0),s_2(0),s_3(0),s_4(0.1),s_5(0.65),s_6(0.2)\}$$

$$L_2(p)=\{s_0(0),s_1(0),s_2(0.4),s_3(0),s_4(0.6),s_5(0),s_6(0)\}$$

$$w_1L_1(p)\oplus w_2L_2(p)=\{s_0(0),s_1(0),s_2(0.2),s_3(0),s_4(0.35),s_5(0.325),s_6(0.1)\}$$

$$=\{s_2(0.2),s_4(0.35),s_5(0.325),s_6(0.1)\}$$

由例 2－4 可知，利用凸运算对概率语言术语集进行处理后，结果仍为概率语言术语集。

性质 2－1 假设 $L_1(p)$、$L_2(p)$ 与 $L_3(p)$ 为任意三个概率语言术语集，$w_i\geqslant 0$（$i=1$，2，3），由定义 2－6 可知，概率语言术语集的凸运算满足以下性质：

(1) 若 $w_1+w_2=1$，则 $w_1L_1(p)\oplus w_2L_2(p)=w_2L_2(p)\oplus w_1L_1(p)$。

(2) 若 $w_1+w_2=1$，则 $w_1L_1(p)\oplus w_2L_1(p)=L_1(p)$。

(3) 若 $w_1+w_2+w_3=1$，则

$$w_1L_1(p)\oplus(w_2L_2(p)\oplus w_3L_3(p))=(w_1L_1(p)\oplus w_2L_2(p))\oplus w_3L_3(p)。$$

证明： 由定义 2－6 可知（1）、（2）均成立，因此只证明（3）。

已知条件为：$L_1(p)=\{s_1^{k_1}(p_1^{k_1})\}$，$L_2(p)=\{s_2^{k_2}(p_2^{k_2})\}$，$L_3(p)=\{s_3^{k_3}(p_3^{k_3})\}$，

$w_i \geqslant 0\ (i=1,\ 2,\ 3)$，$w_1+w_2+w_3=1$，$k_1=k_2=k_3=j$，$s_1^j=s_2^j=s_3^j=s_{j-1}$ $(j=1,\ 2,\ \cdots,\ 2t+1)$。则有：

$$w_1L_1(p)\oplus(w_2L_2(p)\oplus w_3L_3(p))$$

$$=w_1L_1(p)\oplus(w_2+w_3)\otimes\left(\frac{w_2}{w_2+w_3}\otimes L_2(p)\oplus\frac{w_3}{w_2+w_3}\otimes L_3(p)\right)$$

$$=w_1L_1(p)\oplus(w_2+w_3)\bigcup_{(s_2^{k_2}(p_2^{k_2}))\in L_2(p),(s_3^{k_3}(p_3^{k_3}))\in L_3(p)}\left\{s_2^{k_2}\left(\frac{w_2}{w_2+w_3}p_2^{k_2}+\frac{w_3}{w_2+w_3}p_3^{k_3}\right)\right\}$$

$$=\bigcup_{(s_1^{k_1}(p_1^{k_1}))\in L_1(p),(s_2^{k_2}(p_2^{k_2}))\in L_2(p),(s_3^{k_3}(p_3^{k_3}))\in L_3(p)}\left\{s_1^{k_1}\left(w_1p_1^{k_1}+(w_2+w_3)\left(\frac{w_2}{w_2+w_3}p_2^{k_2}+\frac{w_3}{w_2+w_3}p_3^{k_3}\right)\right)\right\}$$

$$=\bigcup_{(s_1^{k_1}(p_1^{k_1}))\in L_1(p),(s_2^{k_2}(p_2^{k_2}))\in L_2(p),(s_3^{k_3}(p_3^{k_3}))\in L_3(p)}\{s_1^{k_1}(w_1p_1^{k_1}+w_2p_2^{k_2}+w_3p_3^{k_3})\}$$

$$(w_1L_1(p)\oplus w_2L_2(p))\oplus w_3L_3(p)$$

$$=(w_1+w_2)\otimes\left(\frac{w_1}{w_1+w_2}\otimes L_1(p)\oplus\frac{w_2}{w_1+w_2}\otimes L_2(p)\right)\oplus w_3L_3(p)$$

$$=(w_1+w_2)\bigcup_{(s_1^{k_1}(p_1^{k_1}))\in L_1(p),(s_2^{k_2}(p_2^{k_2}))\in L_2(p)}\left\{s_1^{k_1}\left(\frac{w_1}{w_1+w_2}p_1^{k_1}+\frac{w_2}{w_1+w_2}p_2^{k_2}\right)\right\}\oplus w_3L_3(p)$$

$$=\bigcup_{(s_1^{k_1}(p_1^{k_1}))\in L_1(p),(s_2^{k_2}(p_2^{k_2}))\in L_2(p),(s_3^{k_3}(p_3^{k_3}))\in L_3(p)}\left\{s_1^{k_1}\left((w_1+w_2)\left(\frac{w_1}{w_1+w_2}p_1^{k_1}+\frac{w_2}{w_1+w_2}p_2^{k_2}\right)+w_3p_3^{k_3}\right)\right\}$$

$$=\bigcup_{(s_1^{k_1}(p_1^{k_1}))\in L_1(p),(s_2^{k_2}(p_2^{k_2}))\in L_2(p),(s_3^{k_3}(p_3^{k_3}))\in L_3(p)}\{s_1^{k_1}(w_1p_1^{k_1}+w_2p_2^{k_2}+w_3p_3^{k_3})\}$$

因此，$w_1L_1(p)\oplus(w_2L_2(p)\oplus w_3L_3(p))=(w_1L_1(p)\oplus w_2L_2(p))\oplus w_3L_3(p)$。

2.2.3 概率语言术语集的比较规则

定义 2－7[180] 假设 $L(p)=\{s_{\theta(k)}(p^k)\mid k=1,2,\cdots,\#L(p)\}$ 为一个概率语言术语集，则 $L(p)$ 的得分值为：

$$E(L(p))=s_{\bar{\alpha}}$$

其中，$\bar{\alpha}=\sum_{k=1}^{\#L(p)}\theta(k)p^k\Big/\sum_{k=1}^{\#L(p)}p^k$，$\#L(p)$ 表示 $L(p)$ 中语言变量的个数。

定义 2－8[180] 假设 $L(p)=\{s_{\theta(k)}(p^k)\mid k=1,2,\cdots,\#L(p)\}$ 为一个概率

语言术语集，则 $L(p)$ 的偏差值为：

$$\sigma(L(p)) = \left(\sum_{k=1}^{\#L(p)} (p^k(\theta(k) - \bar{\alpha}))^2\right)^{1/2} \Big/ \sum_{k=1}^{\#L(p)} p^k$$

其中，$\#L(p)$ 表示 $L(p)$ 中语言变量的个数。

定义 2－9[180]　假设 $L_1(p) = \{s_1^{k_1}(p_1^{k_1}) \mid k_1 = 1,2,\cdots,\#L_1(p)\}$ 和 $L_2(p) = \{s_2^{k_2}(p_2^{k_2}) \mid k_2 = 1,2,\cdots,\#L_2(p)\}$ 为两个概率语言术语集，根据定义 2－7 和定义 2－8，$L_1(p)$ 和 $L_2(p)$ 之间的比较规则如下：

（1）若 $E(L_1(p)) > E(L_2(p))$，则 $L_1(p) > L_2(p)$。

（2）若 $E(L_1(p)) = E(L_2(p))$，$\sigma(L_1(p)) > \sigma(L_2(p))$，则 $L_1(p) < L_2(p)$。

（3）若 $E(L_1(p)) = E(L_2(p))$，$\sigma(L_1(p)) < \sigma(L_2(p))$，则 $L_1(p) > L_2(p)$。

使用参考文献［176］中的比较规则时可以发现，由于这种方法是用语言值的下标直接代替语言值参与计算，造成大量概率语言术语集的期望值相等，所以无法比较它们之间的大小。用语言值的下标直接代替语言值参与计算时，默认两两语言值之间的距离是相等的，但在大多数情况下，“好”与“一般”之间的距离和“好”与“极好”之间的距离是不相等的。为了解决以上问题，本小节将根据定义 2－2，定义新的概率语言术语集的比较规则。

定义 2－10　假设 $L(p) = \{s_{\theta(k)}(p^k) \mid k = 1,2,\cdots,\#L(p)\}$ 是一个概率语言术语集，且满足 $p^k > 0$ 和 $\sum_{k=1}^{\#L(p)} p^k = 1$，则 $L(p)$ 的得分函数 $S(L(p))$ 和精确函数 $H(L(p))$ 分别定义如下：

$$S(L(p)) = \frac{1}{\#L(p)} \sum_{k=1}^{\#L(p)} f^*(s_{\theta(k)}) p^k \tag{2-1}$$

$$H(L(p)) = \sum_{k=1}^{\#L(p)} (f^*(s_{\theta(k)}) p^k - S(L(p)))^2 \tag{2-2}$$

其中，f^* 为任一语言转换函数，$\#L(p)$ 表示 $L(p)$ 中语言项的个数。

定义 2－11　假设 $L_1(p) = \{s_1^{k_1}(p_1^{k_1}) \mid k_1 = 1,2,\cdots,\#L_1(p)\}$ 和 $L_2(p) = \{s_2^{k_2}(p_2^{k_2}) \mid k_2 = 1,2,\cdots,\#L_2(p)\}$ 是任意两个概率语言术语集，根据定义 2－10，$L_1(p)$ 与 $L_2(p)$ 之间的比较规则如下：

（1）若 $\#L_1(p) = \#L_2(p), s_1^{k_1} = s_2^{k_1}$ 且 $p_1^{k_1} = p_2^{k_1}$，则 $L_1(p) = L_2(p)$。

（2）若 $\min\{f^*(s_1^{k_1})p_1^{k_1}\} > \max\{f^*(s_2^{k_2})p_2^{k_2}\}$，则 $L_1(p) > L_2(p)$。

（3）若 $S(L_1(p)) > S(L_2(p))$，则 $L_1(p) > L_2(p)$。

（4）若 $S(L_1(p)) = S(L_2(p))$ 且 $H(L_1(p)) > H(L_2(p))$，则 $L_1(p) > L_2(p)$。

（5）若 $S(L_1(p)) = S(L_2(p))$ 且 $H(L_1(p)) = H(L_2(p))$，则 $L_1(p) \sim L_2(p)$。

例 2－5　设 $S = \{s_t \mid t = 0,1,\cdots,2T\} = \{s_0, s_1, s_2, s_3, s_4, s_5, s_6\}$，两个概率语言集为 $L_1(p) = \{s_5(0.65), s_6(0.2), s_4(0.1)\}, L_2(p) = \{s_4(0.6), s_2(0.4)\}$，根据定义 2－10 和定义 2－11，$L_1(p)$ 与 $L_2(p)$ 之间的关系可表示如下：

（1）若 $f_1(s_x) = \dfrac{x}{2T}(x = 0,1,2,\cdots,2T)$，则 $S(L_1(p)) = 0.2694, S(L_2(p)) = 0.2667$，可知 $L_1(p) > L_2(p)$。

（2）若 $a = 1.4$，并且 $f_2(s_y) = \begin{cases} \dfrac{a^T - a^{T-y}}{2a^T - 2} & (y = 0,1,2,\cdots,T) \\ \dfrac{a^T + a^{y-T} - 2}{2a^T - 2} & (y = T+1, T+2,\cdots,2T) \end{cases}$，则 $S(L_1(p)) = 0.2551, S(L_2(p)) = 0.2615$，可知 $L_1(p) < L_2(p)$。

（3）若 $\alpha = \beta = 0.8, f_3(s_z) = \theta_z = \begin{cases} \dfrac{T^\alpha - (T-z)^\alpha}{2T^\alpha} & (z = 0,1,2,\cdots,T) \\ \dfrac{T^\beta + (z-T)^\beta}{2T^\beta} & (z = T+1, T+2,\cdots,2T) \end{cases}$，则 $S(L_1(p)) = 0.2769, S(L_2(p)) = 0.2708$，可知 $L_1(p) > L_2(p)$。

借助不同的语言转换函数，在不同的语言情境下，语言值被转换成不同的值参与运算，本小节提出的概率语言术语集的比较规则适用于较多的现实问题，具有更强的合理性。

2.3　随机多目标可接受度分析

在决策过程中，决策者对准则权重的偏好信息可能完全未知，同时又不能给出准确的准则值，这类决策问题可用基于逆权重空间分析思想提出的 SMAA

方法来解决[96]。采用 SMAA 方法可模拟得到随机的权重信息和准则值，信息量越多，决策精度越高，在处理权重信息完全缺失、部分缺失和完全已知的决策问题时，均具有良好的表现。

原始的 SMAA 方法只考虑方案 a_i 排在第一位的可能性，忽略了折衷方案排在较靠前位置的可能性。如果某个方案一直稳定地排在较靠前的位置，说明其具有一定优势，不可忽略，因此 SMAA－2 方法考虑方案的位置，并赋予权重，得到综合可能度，依此对各方案进行排序。由于权重是离散的点，因此常用蒙特卡罗仿真进行运算。假设存在备选方案集 $A=\{a_i \mid a_1,a_2,\cdots,a_m\}$，评价方案所用的准则集为 $C=\{c_j \mid c_1,c_2,\cdots,c_n\}$，在准则 c_j 下，决策者对方案 a_i 进行评价时，未给出确定的准则值，准则的权重为 w_j，但 w_j 未知。针对这一多准则决策问题，采用 SMAA－2 方法进行解决。接下来对 SMAA－2 方法的运算步骤进行详细介绍。

步骤 1　按照条件生成随机数，进而得到权重向量。

根据准则权重需满足 $0\leqslant w_j\leqslant 1$ 这一条件，在［0，1］区间内取 K 组满足约束条件的随机数作为准则权重。其中，在第 k 组中，准则 c_j 的权重为 w_j^k。

步骤 2　生成并规范化随机准则值。

若准则值为随机变量，按照其分布情况生成随机准则值，并根据决策需求，对其进行规范化处理。

步骤 3　计算方案 a_i 的综合准则值 u_i。

利用步骤 1 中生成的权重和步骤 2 中生成的准则值，计算方案 a_i 的综合准则值 u_i。

步骤 4　根据综合准则值 u_i 对方案进行排序。

根据第 k 组权重，得到第 k 组综合准则值 u_i，随后可得到方案的第 k 组完全排序。

步骤 5　计算方案 a_i 排在第 r 位的可能度 ∂_i^r。

K 组权重计算完毕后，得到 K 组方案的完全排序。统计方案 a_i 排在第 r 位的次数，并用 M_i^r 表示，则方案 a_i 排在第 r 位的可能度 ∂_i^r 计算如下：

$$\partial_i^r=\frac{M_i^r}{K}\quad (i,\ r=1,\ 2,\ \cdots,\ m)$$

可能度∂_i^r构成一个新的可能度矩阵 $\boldsymbol{\partial} = [\partial_i^r]_{m\times m}$。

步骤 6　得到方案 a_i 的综合可能度∂_i^C。

根据上述步骤产生的可能度矩阵计算方案 a_i 的综合可能度时，涉及位置权重 α_r 的问题，可认为这是一个二次多准则决策问题，一般来说，位置越靠前，位置权重越大，随着位置 r 的后移，位置权重 α_r 越来越小。可采用线性权重和逆向权重计算 α_r，也可根据实际需要为位置权重 α_r 赋值。随后，可采用如下计算公式计算方案 a_i 的综合可能度∂_i^C：

$$\partial_i^C = \sum_{r=1}^{m} \alpha_r \partial_i^r$$

步骤 7　对所有方案进行综合排序。

对综合可能度 ∂_i^C 进行降序排序，∂_i^C 的序列即为对应的方案序列，依此便可获得所有方案的完全排序。

2.4　证据理论

将 D－S 证据理论应用到决策方法中时，决策问题中产生的评价值即为证据，根据已知证据和 Dempster 组合规则，可将这些证据进行融合，得到该问题的合理结果。证据理论处理不确定信息的方式更加理性，结果也更加合理，众多研究者对其进行了深入研究。本节将对基于证据理论的方法中常用的 Pignistic 赌博概率转换法、加权和综合评价法以及证据推理进行介绍。

1. Pignistic 赌博概率转换法

假设评价等级为 $H = \{H_i \mid i = 1,2,\cdots,N\}$，方案属于等级 H_i 的置信度为 β_i，若 $\sum_{i=1}^{N} \beta_i = 1$，则不存在未知信度；反之，方案的未知信度为 β_Ω，$\beta_\Omega = 1 - \sum_{i=1}^{N} \beta_i$。可通过以下两种赌博概率转换法计算获得各评价等级的近似综合置信度。

（1）EP（Equal Probability）法。按照未知信度平均分配的原则，转换后的各评价等级的赌博概率为：

$$P(H_i) = \beta_i + \frac{1}{N}\beta_\Omega \quad (i = 1,2,\cdots,N)$$

（2）PP（Plausibility Probability）法。同时考虑已知信度和未知信度，转换后的各评价等级的赌博概率为：

$$P(H_i) = \beta_i + \frac{\beta_i + \beta_\Omega}{1 + (N-1)\beta_\Omega}\beta_\Omega \quad (i = 1,2,\cdots,N)$$

2. 加权和综合评价法

假设评价等级为 $H = \{H_i \mid i = 1,2,\cdots,N\}$，方案 a_l 在准则 c_j（$j=1,2,\cdots,n$）下属于等级 H_i 的置信度为 $\beta_{ij}(a_l)$。若 $\sum_{i=1}^{N}\beta_{ij}(a_l) = 1$，则方案 a_l 的未知信度不存在；反之，方案 a_l 的未知信度为 $\beta_\Omega(a_l)$。已知准则 c_j（$j=1,2,\cdots,n$）的权重为 w_j，利用加权和综合评价法可得到方案 a_l 在所有准则下属于等级 H_i 的综合置信度 $\beta_i(a_l)$ 和未知信度 $\beta_\Omega(a_l)$，计算公式如下：

$$\beta_i(a_l) = \sum_{j=1}^{n} w_j \beta_{ij}(a_l)(j = 1,2,\cdots,n;i = 1,2,\cdots,N)$$

$$\beta_\Omega(a_l) = 1 - \sum_{j=1}^{n}\sum_{i=1}^{N} w_j \beta_{ij}(a_l)(j = 1,2,\cdots,n;i = 1,2,\cdots,N)$$

3. 证据推理

假设评价等级为 $H = \{H_i \mid i = 1,2,\cdots,N\}$，方案 a_l 在准则 c_j（$j=1,2,\cdots,n$）下属于等级 H_i 的置信度为 $\beta_{ij}(a_l)$，已知准则 c_j（$j=1,2,\cdots,n$）的权重为 w_j，则利用证据推理对方案 a_l 进行评价的过程如下：

（1）确定基本概率分配函数。

$$m_{i,j} = w_j\beta_{ij}(a_l) \quad (j=1,2,\cdots,n;\ i=1,2,\cdots,N)$$

$$m_{H,j} = 1 - \sum_{i=1}^{N} m_{i,j}(j = 1,2,\cdots,n;i = 1,2,\cdots,N)$$

其中，$m_{i,j}$为已分配的概率函数，$m_{H,j}$为未分配的概率函数。

（2）按照证据组合规则对方案 a_l 的证据进行融合，得到其综合概率分配。

$$\{H_i\}:m_{i,I(j+1)} = K_{I(j+1)}[m_{i,I(j)}m_{i,j+1} + m_{H,I(j)}m_{i,j+1} + m_{i,I(j)}m_{H,j+1}]$$

$$\{H\}:m_{H,I(j+1)} = K_{I(j+1)}m_{H,I(j)}m_{H,j+1}$$

$$K_{I(j+1)} = [1 - \sum_{p=0}^{N}\sum_{q=0}^{N} m_{p,I(j)}m_{q,j+1}]^{-1}$$

其中，初始值 $m_{i,I(1)}=m_{i,1}$；$m_{H,I(1)}=m_{H,1}$；$i=1, 2, \cdots, N$；$j=1, 2, \cdots, n-1$；$p, q=0, 1, 2, \cdots, N$。不同准则下，支持同一评价等级的程度不同，各个证据之间存在一定的冲突，$K_{I(j+1)}$ 是反映冲突程度的标准化因子。

（3）标准化综合概率分配函数。

对（2）中得到的综合概率分配函数进行标准化，得到方案 a_l 被分配到等级 H_i 中的综合置信度 $\beta_i(a_l)$：

$$\beta_i(a_l)=\frac{1-\beta_H(a_l)}{1-m_{H,I(L)}}m_{i,I(N)}$$

$$\beta_H(a_l)=\sum_{j=1}^{n}w_j\left(1-\sum_{i=1}^{N}\beta_{ij}(a_l)\right)$$

$\beta_H(a_l)$ 为方案 a_i 没有分配到任何等级中的置信度，即未知信度。

证据推理方法允许证据存在部分缺失，即存在未知信度，并且通过证据之间的递推运算，可得到方案在所有准则下属于不同评价等级的综合置信度。

2.5 经典的多准则决策方法

假设存在备选方案集 $A=\{a_i \mid a_1, a_2, \cdots, a_m\}$，评价方案所用的准则集为 $C=\{c_j \mid c_1, c_2, \cdots, c_n\}$，在准则 c_j 下，决策者对方案 a_i 进行评价时，给出的评价值为 r_{ij}，准则的权重为 w_j，且 $w_1+w_2+\cdots+w_n=1$。众多学者已提出许多经典的多准则决策方法，用于解决这一多准则决策问题。本书将对以下几种多准则决策方法进行扩展，以便解决不同的多准则决策问题。下面首先对五种经典的多准则决策方法进行详细介绍。

1. MABAC 方法

Pamučar 和 Ćirović[42] 提出了 DEMATEL－MABAC 方法，对 MABAC 方法的优缺点进行了详细说明。Xue 等[204] 进一步验证了 MABAC 方法在解决实际多准则决策问题时的优势。与其他方法相比，MABAC 方法是一种计算简单又不失稳定性的方法。

步骤1 建立决策矩阵。

根据决策者在准则 c_j 下给出的针对方案 a_i 的评价值 r_{ij}，可以得到决策矩阵 $\boldsymbol{R}$，$\boldsymbol{R}=[r_{ij}]_{m\times n}$。

步骤2 规范化决策矩阵。

方案的评价准则包括效益型准则和成本型准则，一般情况下，效益型准则下的评价值保持不变，按照规范化后的评价值越大方案越优的原则，规范化处理成本型准则下的评价值。规范化后的决策矩阵为 $\overline{\boldsymbol{R}}=[\bar{r}_{ij}]_{m\times n}$。

步骤3 构建加权决策矩阵。

已知准则 c_j 的权重为 w_j，由规范化矩阵 $\overline{\boldsymbol{R}}=[\bar{r}_{ij}]_{m\times n}$可得到加权决策矩阵 $\boldsymbol{R}'=[r'_{ij}]_{m\times n}$，其中 $r'_{ij}=w_j(\bar{r}_{ij}+1)$。

步骤4 确定边界近似区域矩阵。

每个准则下的边界近似区域可定义如下：

$$g_i=\left(\prod_{j=1}^{m}r'_{ij}\right)^{1/m}$$

其中，m 代表方案总个数；r'_{ij}为加权决策矩阵中的元素。则可得到边界近似区域矩阵 $\boldsymbol{G}=[g_1, g_2, \cdots, g_n]$。

步骤5 计算边界近似区域矩阵与加权决策矩阵之间的距离。

根据步骤3和步骤4，加权决策矩阵中的元素 r'_{ij}和边界近似区域矩阵中的元素 g_i 之间的距离 q_{ij}定义如下：

$$q_{ij}=r'_{ij}-g_i$$

那么，距离矩阵 $\overline{\boldsymbol{Q}}$ 定义为：

$$\overline{\boldsymbol{Q}}=\begin{bmatrix} r'_{11}-g_1 & r'_{12}-g_2 & \cdots & r'_{1n}-g_n \\ r'_{21}-g_1 & r'_{22}-g_2 & \cdots & r'_{2n}-g_n \\ \vdots & \vdots & & \vdots \\ r'_{m1}-g_1 & r'_{m2}-g_2 & \cdots & r'_{mn}-g_n \end{bmatrix}=\begin{bmatrix} q_{11} & q_{12} & \cdots & q_{1n} \\ q_{21} & q_{22} & \cdots & q_{2n} \\ \vdots & \vdots & & \vdots \\ q_{m1} & q_{m2} & \cdots & q_{mn} \end{bmatrix}$$

根据 q_{ij}的值，可以判断出方案 a_i 隶属于边界近似区域 G、上边界近似区域 G^+或下边界近似区域 G^-，上边界近似区域 G^+中包含正理想方案 a^+，下边

界近似区域 G^- 中包含负理想方案 a^-。$q_{ij}>0$ 时，a_i 属于 G^+；$q_{ij}=0$ 时，a_i 属于 G；$q_{ij}<0$ 时，a_i 属于 G^-。由上述分析可知，在不同准则下，方案 a_i 可能隶属于不同的区域。若在全部准则下，方案 a_i 都隶属于上边界近似区域，则 a_i 更靠近正理想方案 a^+ 或者 a_i 即为正理想方案 a^+；反之，则 a_i 更靠近负理想方案 a^- 或者 a_i 即为负理想方案 a^-。

步骤 6　对方案进行排序。

计算方案 a_i 的准则函数值 S_i，利用 S_i 对方案进行排序，S_i 越大，则相应方案 a_i 越优。S_i 可计算如下：

$$S_i = \sum_{j=1}^{n} q_{ij} (i = 1,2,\cdots,m; j = 1,2,\cdots,n)$$

2. VIKOR 方法

当准则之间存在冲突时，可能无法得到令所有决策者都满意的最优方案，Opricovic[194] 提出 VIKOR 方法，利用该方法解决准则之间存在冲突的多准则决策问题时，可得到妥协解。利用 VIKOR 方法解决多准则决策问题的步骤如下。

步骤 1～2　建立并规范化决策矩阵。

与 MABAC 方法中建立决策矩阵和规范化决策矩阵的方法相同。

步骤 3　确定决策矩阵 $\overline{\boldsymbol{R}}$ 中每列中的最大评价值及最小评价值。

每列中的最大评价值为 $\bar{r}_j^* = \max_i\{\bar{r}_{ij}\}$，最小评价值为 $\bar{r}_j^- = \min_i\{\bar{r}_{ij}\}$。

步骤 4　计算方案 a_i 的群体效用值 U_i 和个体后悔值 R_i。

$$U_i = \sum_{j=1}^{n} w_j \frac{\bar{r}_j^* - \bar{r}_{ij}}{\bar{r}_j^* - \bar{r}_j^-}$$

$$R_i = \max_j \frac{w_j(\bar{r}_j^* - \bar{r}_{ij})}{\bar{r}_j^* - \bar{r}_j^-}$$

步骤 5　计算方案 a_i 的折衷评价值 Q_i。

$$Q_i = v\frac{U_i - U^+}{U^- - U^+} + (1 - v)\frac{R_i - R^+}{R^- - R^+}$$

其中，$U^+=\min_i U_i, U^-=\max_i U_i, R^+=\min_i R_i, R^-=\max_i R_i, v$ 是折衷系数，取值范围为［0，1］。$v>0.5$ 时，决策结果偏向于能够达到群体效用最大化的方案；$v<0.5$ 时，决策结果偏向于满足个体遗憾最小化的方案。

步骤6 对方案进行排序。

分别根据 U_i、R_i 和 Q_i 对方案进行排序，得到三个方案序列。

步骤7 确定最优方案和折衷方案。

Q_i 越小，方案 a_i 的折衷评价值越小，为保证最小 Q_i 对应的方案 $a^{(1)}$ 为最优方案，$a^{(1)}$ 需满足以下两个条件：

条件1：$Q(a^{(2)})-Q(a^{(1)})\geqslant\frac{1}{m-1}$，其中 $a^{(1)}$ 与 $a^{(2)}$ 是依据 Q_i 得到的方案序列中排在第一位和第二位的方案。

条件2：$a^{(1)}$ 在依据 U_i 和 R_i 得到的两个方案序列中均排在第一位。

当 $a^{(1)}$ 无法同时满足上述两个条件时，可根据下述情况得到折衷方案：

① 如果只有条件2不成立，则 $a^{(1)}$ 与 $a^{(2)}$ 均为折衷方案。

② 如果只有条件1不成立，则 $a^{(i)}$（$i=1，2，\cdots，M$）均为折衷方案。其中，根据 $Q(a^{(M)})-Q(a^{(1)})\geqslant\frac{1}{m-1}(M\leqslant m)$ 可计算得到 M 的最大值。

3. BWM

基于两两比较的思想，Rezaei[195] 提出了 BWM（Best-worst Method），可分别得到最优或最劣准则与其他准则之间的对比结果。该方法可用于求解准则权重未知的决策问题，得到各个准则的权重。

步骤1 确定最优准则和最劣准则。

决策者确定最优准则和最劣准则。最优准则可理解为最重要的准则或者最有价值的准则，用 c_B 表示。最劣准则可理解为最不重要的准则或者最没有价值的准则，用 c_W 表示。

步骤2 确定最优准则优于所有准则的程度。

决策者利用区间［1，9］中的整数表示最优准则优于其他准则的程度，得到向量 $\boldsymbol{A}_B$，$\boldsymbol{A}_B=(a_{B1}，a_{B2}，\cdots，a_{BN})$，其中，$a_{B1}$ 代表最优准则 c_B 优于准则 c_1 的程度。

步骤 3 确定所有准则优于最劣准则的程度。

决策者利用区间［1，9］中的整数表示所有准则优于最劣准则的程度，得到向量 $\boldsymbol{A}_{\mathrm{W}}$，$\boldsymbol{A}_{\mathrm{W}}=(a_{1\mathrm{W}}, a_{2\mathrm{W}}, \cdots, a_{N\mathrm{W}})$，其中，$a_{1\mathrm{W}}$代表准则 c_1 优于最劣准则 c_{W} 的程度。

步骤 4 计算最优权重。

准则 c_j 下的权重为 w_j，可知 $\sum_{j=1}^{N} w_j = 1$，构建计算最优权重的模型：

$$\min \xi$$

$$\text{s. t.} \begin{cases} \left| \dfrac{w_{\mathrm{B}}}{w_j} - a_{\mathrm{B}j} \right| \leqslant \xi \\ \left| \dfrac{w_j}{w_{\mathrm{W}}} - a_{j\mathrm{W}} \right| \leqslant \xi \\ \sum_{j=1}^{N} w_j = 1 \\ w_j \geqslant 0 \end{cases}$$

步骤 5 对准则进行排序。

根据计算最优权重的模型得到各个准则的权重值，进而对各个准则进行排序。

4. PROMETHEE 方法

根据决策者的偏好信息，Brans 等[196]利用优先函数判别出各方案在各个准则下的优劣值，并根据这一结果得到了方案对之间的综合占优指数，提出了 PROMETHEE 方法，对方案进行排序。根据能否得到方案的完全序，PROMETHEE 方法可分为两类：可得到部分序的 PROMETHEE Ⅰ及可得到完全序的 PROMETHEE Ⅱ[197]。

（1） PROMETHEE Ⅰ方法。

利用 PROMETHEE Ⅰ方法解决决策问题的步骤如下。

步骤 1 建立决策矩阵。

采用 MABAC 方法建立决策矩阵。

步骤 2 定义优先函数。

在准则 c_j 下，定义优先函数 $p_j(a_i,a_k)$，确定方案 a_i 与 a_k 之间的差异。$p_j(a_i,a_k)=0$ 时，方案 a_i 与 a_k 在准则 c_j 下无差异；$p_j(a_i,a_k)>0$ 时，在准则 c_j 下，方案 a_i 优于方案 a_k；$p_j(a_i,a_k)=1$ 时，在准则 c_j 下，方案 a_i 严格优于方案 a_k。

步骤 3 确定综合优先指数。

准则 c_j 的权重为 w_j，计算方案 a_i 综合优于方案 a_k 的指数 $\pi(a_i, a_k)$。$\pi(a_i, a_k)$ 定义如下：

$$\pi(a_i,a_k)=\sum_{j=1}^{n} w_j p_j(a_i,a_k)$$

因为 $0\leqslant p_j(a_i,a_k)\leqslant 1$，所以 $0\leqslant \pi(a_i,a_k)\leqslant 1$。

步骤 4 计算方案的出流和入流。

根据综合优先指数计算方案的出流和入流，方案 a_i 的出流和入流分别计算如下：

$$\Phi^+(a_i)=\sum_{k=1,k\neq i}^{n}\pi(a_i,a_k)$$

$$\Phi^-(a_i)=\sum_{k=1,k\neq i}^{n}\pi(a_k,a_i)$$

$\Phi^+(a_i)$ 指的是方案 a_i 优于其他方案的程度，$\Phi^-(a_i)$ 指的是其他方案优于方案 a_i 的程度。

步骤 5 对方案进行排序。

根据方案的出流和入流，对方案进行排序。

① 若下述三个条件中，有一个条件成立，则判定方案 a_i 优于方案 a_k（记作 a_iPa_k）。

$\Phi^+(a_i)>\Phi^+(a_k)$ 且 $\Phi^-(a_i)<\Phi^-(a_k)$；

$\Phi^+(a_i)>\Phi^+(a_k)$ 且 $\Phi^-(a_i)=\Phi^-(a_k)$；

$\Phi^+(a_i)=\Phi^+(a_k)$ 且 $\Phi^-(a_i)<\Phi^-(a_k)$。

② 如果 $\Phi^+(a_i)=\Phi^+(a_k)$ 且 $\Phi^-(a_i)=\Phi^-(a_k)$，则方案 a_i 与方案 a_k 无

差异（记作 $a_i I a_k$）。

③ 若下述两个条件中，有一个条件成立，则无法比较方案 a_i 与方案 a_k 的优劣（记作 $a_i R a_k$）。

$\Phi^+(a_i) > \Phi^+(a_k)$ 且 $\Phi^-(a_i) > \Phi^-(a_k)$；

$\Phi^+(a_i) < \Phi^+(a_k)$ 且 $\Phi^-(a_i) < \Phi^-(a_k)$。

（2） PROMETHEE Ⅱ 方法。

利用 PROMETHEE Ⅰ 方法解决多准则决策问题时，可能会出现无法比较的方案对，从而无法得到方案的全序。PROMETHEE Ⅱ 方法是在 PROMETHEE Ⅰ 方法的基础上提出的。

在方案出流和入流的基础上，定义方案的净流：

$$\Phi(a_i) = \Phi^+(a_i) - \Phi^-(a_i)$$

根据方案的净流值获得方案的完全序，$\Phi(a_i)$ 越大，则对应的方案 a_i 越优。

5. TODIM 方法

基于前景理论的思想，Kahneman 和 Tversky[198] 构建了多准则价值函数，利用价值函数计算一个方案占优于另一方案的程度；在此基础上，Gomes 和 Lima[199] 提出了 TODIM 方法。TODIM 方法最大的优势是可以利用价值函数衡量决策者的风险偏好态度。利用 TODIM 方法解决决策问题的步骤如下。

步骤 1～2 建立并规范化决策矩阵。

与 MABAC 方法中构建决策矩阵和规范化决策矩阵的方法相同。

步骤 3 计算相对权重。

准则 c_j 相对于参考准则 c_r 的相对权重 w_{jr} 计算如下：

$$w_{jr} = w_j / w_r$$

其中，w_j 为准则 c_j 的权重（$j = 1, 2, \cdots, n$）；w_r 为所有权重中的最大权重，即 $w_r = \max\{w_j \mid j = 1, 2, \cdots, n\}$。

步骤 4 计算方案 a_i 占优于方案 a_k 的程度。

方案 a_i 占优于方案 a_k 的程度可用 $v(a_i, a_k)$ 表示，计算如下：

$$v(a_i,a_k) = \sum_{j=1}^{n} \phi_j(a_i,a_k)$$

$$\phi_j(a_i,a_k) = \begin{cases} \sqrt{w_{jk}(\bar{r}_{ij} - \bar{r}_{kj}) \Big/ \sum_{j=1}^{n} w_{jk}} & (\bar{r}_{ij} - \bar{r}_{kj} > 0) \\ 0 & (\bar{r}_{ij} - \bar{r}_{kj} = 0) \\ -\dfrac{1}{\theta}\sqrt{(\sum_{j=1}^{n} w_{jk})(\bar{r}_{kj} - \bar{r}_{ij})/w_{jk}} & (\bar{r}_{ij} - \bar{r}_{kj} < 0) \end{cases}$$

其中，$\bar{r}_{ij} - \bar{r}_{kj} > 0$ 时，$\phi_j(a_i,a_k)$ 代表的是收益值；$\bar{r}_{ij} - \bar{r}_{kj} < 0$ 时，$\phi_j(a_i,a_k)$ 代表的是损失值。参数 θ 代表损失值的衰减因子。

步骤 5 计算方案 a_i 的综合前景得分值。

方案 a_i 的综合前景得分值 $\sigma(a_i)$ 计算如下：

$$\sigma(a_i) = \frac{\sum_{k=1}^{m} v(a_i,a_k) - \min_i\{\sum_{k=1}^{m} v(a_i,a_k)\}}{\max_i\{\sum_{k=1}^{m} v(a_i,a_k)\} - \min_i\{\sum_{k=1}^{m} v(a_i,a_k)\}} (i = 1,2,\cdots,m)$$

步骤 6 对方案进行排序。

根据步骤 5 计算得到的综合前景得分值 $\sigma(a_i)$ 对方案进行排序，$\sigma(a_i)$ 越大，则对应方案 a_i 越优。

上述五种方法可用于解决不同的多准则决策问题，但计算过程中某些步骤存在相似之处。MABAC 方法、VIKOR 方法和 TODIM 方法需计算不同元素之间的差值，但计算元素有所不同。MABAC 方法需计算加权评价值与边界近似区域中元素（平均值）之间的差值，VIKOR 方法需分别计算加权评价值与每列最大值和每列最小值之间的差值。但 VIKOR 方法考虑的问题更多一些，在无法得到最优方案的情况下，利用 VIKOR 方法可得到折衷方案。TODIM 方法需计算同一准则下，两两加权评价值之间的差值。BWM 与 TODIM 方法均需比较准则之间的差异，但 BWM 需得到最优准则（最劣准则）优于（劣于）其他准则的程度，而 TODIM 方法是比较准则的权重值，进而得到相对权重。PROMETHEE 方法与 TODIM 方法均需计算方案之间的占优程度，但 PROMETHEE 方法可根据决策需要定义不同的优先函数，而 TODIM 方法则可基于同一准则下两两加权评价值之间的差值得到方案之间的占优程度。各种方法适用的决策环境存在差别，在实际决策中，可根据不同条件选择决策方法。学者们也对这些方法进行了诸多扩展性研究，将它们扩展到不同的模糊环境中，以便更好地解决现实决策问题。

3 基于距离测度的概率语言多准则决策方法

当决策者充分了解多准则决策问题中的方案和准则时，在每个准则下，均可从语言术语集中选出一个语言值对方案进行评价。参与决策的人越多，各个方案在各个准则下的语言评价值越多，汇聚所有的语言评价值，即可得到完备概率语言术语集。完备概率语言术语集中不仅包含决策者给出的语言评价值，也包含语言评价值所对应的概率值，其中概率值代表各个语言评价值出现的频率。此时，决策问题中的备选方案在各准则下的评价值均为完备概率语言术语集，这样的问题是本章将要研究的完备概率语言多准则决策问题。

在实际生活中，完备概率语言多准则决策问题普遍存在。例如，为了更好地呈现酒店的评价信息，Tripadvisor 旅游网站中展示的评价信息既包括每个历史住客在各个相关因素（准则）下做出的星级评价，也有其对星级评价进行补充或详细解释的文本信息。历史住客数目不断增大，酒店在各个准则下的评价信息与日俱增，每个准则下的评价星级又往往与贴近人们实际感受的语言项“好”“很好”及“很差”等一一对应。在这种情况下，根据完备概率语言术语集中同时包含语言评价值及其概率分布的特点，利用完备概率语言术语集描述酒店在各个准则下的评价信息较为合理。如何基于上述信息评估酒店这一问题即为完备概率语言多准则决策问题。

解决上述问题的一种思路是基于完备概率语言术语集的距离测度提出方法，但现有研究中关于完备概率语言术语集的距离测度的研究较少。本章中用到的 MABAC 方法与 VIKOR 方法均需通过距离测度计算理想解与评价值之间的关系，但两种方法各具特色，MABAC 方法可得到方案的完全序，VIKOR 方法因综合考虑整体效用和个体损失而可能仅能得到问题的折衷解。MABAC 方法与 VIKOR 方法在实际应用中均有较好的效果[200-203]。基于此，针对完备概率语言多准则决策问题，本章定义了新的完备概率语言术语集的距离测度，将上述两种方法拓展到概率语言决策环境中，提出了基于距离测度的概率语言 MABAC 方法和 VIKOR 方法，并通过实际案例验证了所提方法的有效性。在案例分析过程中，详细描述了案例背景及数据收集方法，并与现有方法进行了对比分析。最后，对本章研究内容进行了总结。

3.1 概率语言术语集的距离测度

距离测度可以用来测量不同变量之间的距离，距离值可理解为两个变量之间的差值。当使用距离测度计算实数值之间的距离时，距离等同于两个实数之差的绝对值；当使用距离测度计算两个模糊数之间的距离时，距离值可理解为两个模糊数之间的差别程度。

参考文献［176］中定义了概率语言术语集的距离测度，但并未给出该距离测度所具有的性质。

定义 3－1[176] 假设 $L_1(p)=\{s_1^{k_1}(p_1^{k_1})\mid k_1=0,1,2,\cdots,2T\}$ 和 $L_2(p)=\{s_2^{k_2}(p_2^{k_2})\mid k_2=0,1,2,\cdots,2T\}$ 是任意两个概率语言术语集，则 $L_1(p)$ 与 $L_2(p)$ 之间的距离测度可定义如下：

$$d(L_1(p),L_2(p))=\frac{1}{2}\sum_{k=0}^{2T}|p_1^k-p_2^k|\quad(k_1=k_2=k)\qquad(3-1)$$

为了能够更好地测量任意两个概率语言术语集之间的距离，本节定义了新的概率语言术语集的距离测度，同时给出了其具有的性质。

定义 3－2 假设 $L_1(p)=\{s_1^{k_1}(p_1^{k_1})\mid k_1=1,2,\cdots,\#L_1(p)\}$ 和 $L_2(p)=\{s_2^{k_2}(p_2^{k_2})\mid k_2=1,2,\cdots,\#L_2(p)\}$ 是任意两个概率语言术语集，则 $L_1(p)$ 与 $L_2(p)$ 的广义概率语言距离定义为：

$$d_g(L_1(p),L_2(p)) = \left[\frac{1}{2}\left(\frac{1}{\#L_1(p)}\sum_{(s_1^{k_1}(p_1^{k_1}))\in L_1(p)}\min_{(s_2^{k_2}(p_2^{k_2}))\in L_2(p)}\left(\left|f^*(s_1^{k_1})p_1^{k_1}-f^*(s_2^{k_2})p_2^{k_2}\right|\right)^r + \frac{1}{\#L_2(p)}\sum_{(s_2^{k_2}(p_2^{k_2}))\in L_2(p)}\min_{(s_1^{k_1}(p_1^{k_1}))\in L_1(p)}\left(\left|f^*(s_2^{k_2})p_2^{k_2}-f^*(s_1^{k_1})p_1^{k_1}\right|\right)^r\right)\right]^{\frac{1}{r}} \tag{3-2}$$

其中，$r>0$；$\#L_1(p)$ 和 $\#L_2(p)$ 分别表示 $L_1(p)$ 与 $L_2(p)$ 中语言项的个数；f^* 为任意一个语言转换函数。当参数 r 取不同的值时，$d_g(L_1(p),L_2(p))$ 退化为 $L_1(p)$ 与 $L_2(p)$ 之间的不同距离。

（1）当 $r=1$ 时，$d_g(L_1(p),L_2(p))$ 退化为 $L_1(p)$ 与 $L_2(p)$ 之间的 Hamming－Hausdorff 距离，其计算公式为：

$$d_g(L_1(p),L_2(p)) = \frac{1}{2}\left[\frac{1}{\#L_1(p)}\sum_{(s_1^{k_1}(p_1^{k_1}))\in L_1(p)}\min_{(s_2^{k_2}(p_2^{k_2}))\in L_2(p)}\left(\left|f^*(s_1^{k_1})p_1^{k_1}-f^*(s_2^{k_2})p_2^{k_2}\right|\right) + \frac{1}{\#L_2(p)}\sum_{(s_2^{k_2}(p_2^{k_2}))\in L_2(p)}\min_{(s_1^{k_1}(p_1^{k_1}))\in L_1(p)}\left(\left|f^*(s_2^{k_2})p_2^{k_2}-f^*(s_1^{k_1})p_1^{k_1}\right|\right)\right] \tag{3-3}$$

（2）当 $r=2$ 时，$d_g(L_1(p),L_2(p))$ 退化为 $L_1(p)$ 与 $L_2(p)$ 之间的 Euclidean－Hausdorff 距离，其计算公式为：

$$d_g(L_1(p),L_2(p)) = \left[\frac{1}{2}\left(\frac{1}{\#L_1(p)}\sum_{(s_1^{k_1}(p_1^{k_1}))\in L_1(p)}\min_{(s_2^{k_2}(p_2^{k_2}))\in L_2(p)}\left(\left|f^*(s_1^{k_1})p_1^{k_1}-f^*(s_2^{k_2})p_2^{k_2}\right|\right)^2 + \frac{1}{\#L_2(p)}\sum_{(s_2^{k_2}(p_2^{k_2}))\in L_2(p)}\min_{(s_1^{k_1}(p_1^{k_1}))\in L_1(p)}\left(\left|f^*(s_2^{k_2})p_2^{k_2}-f^*(s_1^{k_1})p_1^{k_1}\right|\right)^2\right)\right]^{\frac{1}{2}} \tag{3-4}$$

性质 3－1　假设 $L_1(p)=\{s_1^{k_1}(p_1^{k_1})\}$，$L_2(p)=\{s_2^{k_2}(p_2^{k_2})\}$ 和 $L_3(p)=\{s_3^{k_3}(p_3^{k_3})\}$ 为任意三个概率语言术语集，则定义 3－2 中的距离公式具有以下性质：

（1）$d_g(L_1(p),L_2(p)) \geqslant 0$。

（2）若 $L_1(p) = L_2(p)$，则 $d_g(L_1(p),L_2(p)) = 0$。

（3）$d_g(L_1(p),L_2(p)) = d_g(L_2(p),L_1(p))$。

（4）若 $L_1(p) > L_2(p) > L_3(p)$，则 $d_g(L_1(p),L_3(p)) > d_g(L_2(p),L_3(p))$，并且 $d_g(L_1(p),L_3(p)) > d_g(L_1(p),L_2(p))$。

证明：根据定义 3－2 及定义 2－11，很明显，性质 3－1 中的性质（1）、（2）和（3）成立，因此只需证明性质（4）。

$$d_g(L_1(p),L_3(p))$$

$$= \left[\frac{1}{2}\left(\begin{array}{l}\dfrac{1}{\#L_1(p)}\sum\limits_{(s_1^{k_1}(p_1^{k_1}))\in L_1(p)}\min\limits_{(s_3^{k_3}(p_3^{k_3}))\in L_3(p)}(|f^*(s_1^{k_1})p_1^{k_1}-f^*(s_3^{k_3})p_3^{k_3}|)^r+\\ \dfrac{1}{\#L_3(p)}\sum\limits_{(s_3^{k_3}(p_3^{k_3}))\in L_3(p)}\min\limits_{(s_1^{k_1}(p_1^{k_1}))\in L_1(p)}(|f^*(s_3^{k_3})p_3^{k_3}-f^*(s_1^{k_1})p_1^{k_1}|)^r\end{array}\right)\right]^{\frac{1}{r}}$$

$$d_g(L_2(p),L_3(p))$$

$$= \left[\frac{1}{2}\left(\begin{array}{l}\dfrac{1}{\#L_2(p)}\sum\limits_{(s_2^{k_2}(p_2^{k_2}))\in L_2(p)}\min\limits_{(s_3^{k_3}(p_3^{k_3}))\in L_3(p)}(|f^*(s_2^{k_2})p_2^{k_2}-f^*(s_3^{k_3})p_3^{k_3}|)^r+\\ \dfrac{1}{\#L_3(p)}\sum\limits_{(s_3^{k_3}(p_3^{k_3}))\in L_3(p)}\min\limits_{(s_2^{k_2}(p_2^{k_2}))\in L_2(p)}(|f^*(s_3^{k_3})p_3^{k_3}-f^*(s_2^{k_2})p_2^{k_2}|)^r\end{array}\right)\right]^{\frac{1}{r}}$$

因为 $L_1(p) > L_2(p) > L_3(p)$，则

$$\begin{aligned}\max\{f^*(s_1^{k_1})p_1^{k_1}\} &> \min\{f^*(s_1^{k_1})p_1^{k_1}\} > \max\{f^*(s_2^{k_2})p_2^{k_2}\}\\ &> \min\{f^*(s_2^{k_2})p_2^{k_2}\} > \max\{f^*(s_3^{k_3})p_3^{k_3}\}\end{aligned}$$

$$\min\left\{\min_{(s_3^{k_3}(p_3^{k_3}))\in L_3(p)}|f^*(s_1^{k_1})p_1^{k_1}-f^*(s_3^{k_3})p_3^{k_3}|\right\}$$

$$= \min\{f^*(s_1^{k_1})p_1^{k_1}\} - \max\{f^*(s_3^{k_3})p_3^{k_3}\}$$

$$\max\left\{\min_{(s_3^{k_3}(p_3^{k_3}))\in L_3(p)}|f^*(s_2^{k_2})p_2^{k_2}-f^*(s_3^{k_3})p_3^{k_3}|\right\}$$

$$= \max\{f^*(s_2^{k_2})p_2^{k_2}\} - \max\{f^*(s_3^{k_3})p_3^{k_3}\}$$

$$\min\{f^*(s_1^{k_1})p_1^{k_1}\} - \max\{f^*(s_3^{k_3})p_3^{k_3}\} > \max\{f^*(s_2^{k_2})p_2^{k_2}\} - \max\{f^*(s_3^{k_3})p_3^{k_3}\}$$

$$\frac{1}{\#L_1(p)}\sum_{(s_1^{k_1}(p_1^{k_1}))\in L_1(p)}\min_{(s_3^{k_3}(p_3^{k_3}))\in L_3(p)}(|f^*(s_1^{k_1})p_1^{k_1}-f^*(s_3^{k_3})p_3^{k_3}|)^r>$$

$$\min\left\{\min_{(s_2^{k_2}(p_2^{k_2}))\in L_2(p)}(|f^*(s_1^{k_1})p_1^{k_1}-f^*(s_2^{k_2})p_2^{k_2}|)^r\right\}$$

$$\frac{1}{\#L_2(p)}\sum_{(s_2^{k_2}(p_2^{k_2}))\in L_2(p)}\min_{(s_3^{k_3}(p_3^{k_3}))\in L_3(p)}(|f^*(s_2^{k_2})p_2^{k_2}-f^*(s_3^{k_3})p_3^{k_3}|)^r<$$

$$\max\left\{\min_{(s_3^{k_3}(p_3^{k_3}))\in L_3(p)}(|f^*(s_1^{k_1})p_1^{k_1}-f^*(s_3^{k_3})p_3^{k_3}|)^r\right\}$$

则有

$$\frac{1}{\#L_1(p)}\sum_{(s_1^{k_1}(p_1^{k_1}))\in L_1(p)}\min_{(s_3^{k_3}(p_3^{k_3}))\in L_3(p)}(|f^*(s_1^{k_1})p_1^{k_1}-f^*(s_3^{k_3})p_3^{k_3}|)^r>$$

$$\frac{1}{\#L_2(p)}\sum_{(s_2^{k_2}(p_2^{k_2}))\in L_2(p)}\min_{(s_3^{k_3}(p_3^{k_3}))\in L_3(p)}(|f^*(s_2^{k_2})p_2^{k_2}-f^*(s_3^{k_3})p_3^{k_3}|)^r$$

同时，$|f^*(s_3^{k_3})p_3^{k_3}-f^*(s_1^{k_1})p_1^{k_1}|>|f^*(s_3^{k_3})p_3^{k_3}-f^*(s_2^{k_2})p_2^{k_2}|$

则有

$$\frac{1}{\#L_3(p)}\sum_{(s_3^{k_3}(p_3^{k_3}))\in L_3(p)}\min_{(s_1^{k_1}(p_1^{k_1}))\in L_1(p)}(|f^*(s_3^{k_3})p_3^{k_3}-f^*(s_1^{k_1})p_1^{k_1}|)^r>$$

$$\frac{1}{\#L_3(p)}\sum_{(s_3^{k_3}(p_3^{k_3}))\in L_3(p)}\min_{(s_2^{k_2}(p_2^{k_2}))\in L_2(p)}(|f^*(s_3^{k_3})p_3^{k_3}-f^*(s_2^{k_2})p_2^{k_2}|)^r$$

因而，可得到 $d_g(L_1(p),L_3(p))>d_g(L_2(p),L_3(p))$，类似地，可以得到 $d_g(L_1(p),L_3(p))>d_g(L_1(p),L_2(p))$。

3.2 基于距离测度的概率语言 MABAC 方法

基于 3.1 节中提出的概率语言术语集的距离测度，本节提出了基于距离测度的概率语言 MABAC 方法，用于解决权重已知的概率语言多准则决策问题。

3.2.1 权重已知的概率语言多准则决策问题描述

当概率语言多准则决策问题中的权重已知时，通常存在 m 个备选方案，方案集可以用 $A=\{a_1,a_2,\cdots,a_m\}$ 来表示，决策者使用语言术语集 $S=\{s_0,s_1,\cdots,s_{2T}\}$ 对方案 a_i 进行评价。决策者从 n 个不同的方面对方案进行评价，评价所需的准则集用 $C=\{c_1,c_2,\cdots,c_n\}$ 来表示。为了降低复杂性，假设每个决策者在准则 c_j 下对方案 a_i 进行评价时只使用一个语言评价值，统计评价值的个数时，会发现决策者的数目与各个准则下评价值的个数均相同，记为 N_S。同时，分别统计 a_i 在准则 c_j 下评价值 $s_{\theta(k)}$ 的数目 $N_{s_{\theta(k)}}$，可通过计算 $N_{s_{\theta(k)}}/N_S$ 得到与 $s_{\theta(k)}$ 对应的 p^k 的值。通过这样的方式，可用完备概率语言术语集 $L_{ij}(p)=\{s_{ij}^{k_{ij}}(p_{ij}^{k_{ij}})\}$（$p_{ij}^{k_{ij}}>0$；$k_{ij}=1,2,\cdots,\#L_{ij}(p)$；$\sum_{k_{ij}=1}^{\#L_{ij}(p)}p_{ij}^{k_{ij}}=1$）描述决策者在准则 c_j 下对方案 a_i 的评价值。已知准则 c_j 的权重为 w_j，且每个准则的权重之和为 1，即 $w_1+w_2+\cdots+w_n=1$。

3.2.2 基于距离测度的概率语言 MABAC 方法的步骤

针对 3.2.1 小节中的问题，本小节提出的基于距离测度的概率语言 MABAC 方法的步骤如图 3－1 所示。

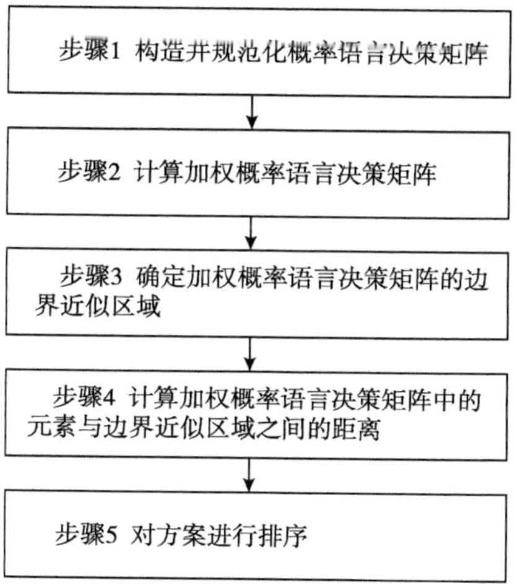

图 3－1 基于距离测度的概率语言 MABAC 方法的步骤

步骤 1 构造并规范化概率语言决策矩阵。

概率语言多准则决策问题通常包括效益型和成本型两种准则，当同一问题涉及两种准则时，需要规范化决策矩阵，使得所有准则属于同一类型，以保证结果的可靠性。在此，效益型准则下的决策值保持不变，利用第 2 章中的概率语言逆运算规范化处理成本型准则下的决策值。规范化后的概率语言决策矩阵 $\boldsymbol{R}_Z = [L_{ij}^Z(p)]_{m\times n}$。

步骤 2 计算加权概率语言决策矩阵。

已知准则 c_j 的权重为 w_j，利用第 2 章中的概率语言运算规则计算加权概率语言决策矩阵 $\overline{\boldsymbol{R}} = [\overline{L}_{ij}(p)]_{m\times n}$，其中 $\overline{L}_{ij}(p) = w_j \otimes L_{ij}^Z(p)$。

步骤 3 确定加权概率语言决策矩阵的边界近似区域。

利用第 2 章中的概率语言运算规则计算准则 c_j 下的边界近似区域：

$$\tilde{g}_j = \frac{1}{m}\left(\bigoplus_{i=1}^{m}\overline{L}_{ij}(p)\right) \tag{3-5}$$

则边界近似区域向量为：

$$\boldsymbol{G} = [\tilde{g}_1, \tilde{g}_2, \cdots, \tilde{g}_n] \tag{3-6}$$

步骤 4 计算加权概率语言决策矩阵中的元素与边界近似区域之间的距离。

利用 3.1 节中提出的概率语言术语集的距离测度，计算加权概率语言决策矩阵 $\overline{\boldsymbol{R}}$ 中的每个元素 $\overline{L}_{ij}(p)$ 与准则 c_j 下的边界近似区域之间的距离 $\tilde{d}_{ij}$，计算公式如下：

$$\tilde{d}_{ij} = \begin{cases} d_g(\overline{L}_{ij}(p), \tilde{g}_j), & \overline{L}_{ij}(p) > \tilde{g}_j \quad 或 \quad \overline{L}_{ij}(p) > \tilde{g}_j \\ 0, & \overline{L}_{ij}(p) = \tilde{g}_j \\ -d_g(\overline{L}_{ij}(p), \tilde{g}_j), & \overline{L}_{ij}(p) < \tilde{g}_j \end{cases} \tag{3-7}$$

$\tilde{d}_{ij} = 0$ 时，方案 a_i 位于边界近似区域，上边界近似区域包含理想方案 A^+，下边界近似区域包含非理想方案 A^-；$\tilde{d}_{ij} > 0$ 时，方案 a_i 位于上边界近似区域 G^+，更靠近理想方案；$\tilde{d}_{ij} < 0$ 时，方案 a_i 位于下边界近似区域 G^-，更

靠近非理想方案。边界近似区域展示图如图 3 – 2 所示。

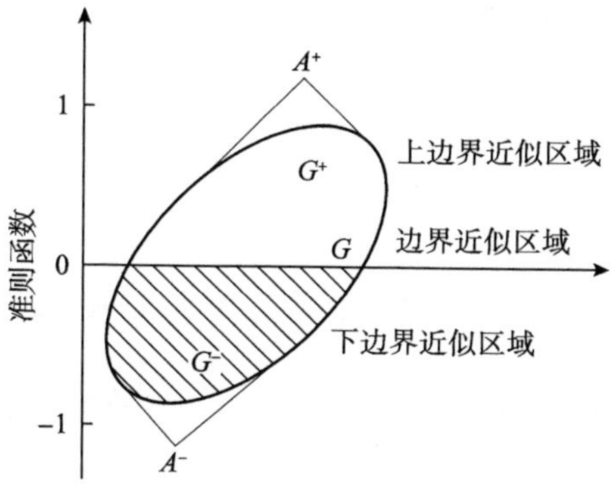

图 3 – 2　边界近似区域展示图

步骤 5　对方案进行排序。

计算方案 a_i 与边界近似区域之间的综合贴近度：

$$CC_i = \sum_{j=1}^{n} \tilde{d}_{ij} \quad (i = 1,2,\cdots,m) \tag{3-8}$$

CC_i 越大，a_i 越接近理想方案，则 a_i 越容易成为方案集中最优方案。

3.3　基于距离测度的概率语言 VIKOR 方法

基于 3.1 节中提出的概率语言术语集的距离测度，本节提出了基于距离测度的概率语言 VIKOR 方法，用于解决权重未知的概率语言多准则决策问题。

3.3.1　权重未知的概率语言多准则决策问题描述

在权重未知的概率语言多准则决策问题中，通常存在 m 个备选方案，方案集可以用 $A = \{a_1, a_2, \cdots, a_m\}$ 来表示，决策者使用语言术语集 $S = \{s_0, s_1, \cdots, s_{2T}\}$ 对方案 a_i 进行评价。决策者从 n 个不同的方面对方案进行评价，评价所需的准则集用 $C = \{c_1, c_2, \cdots, c_n\}$ 来表示。为了降低复杂性，假设每个决策者在准则 c_j 下对方案 a_i 进行评价时只使用一个语言评价值，统计评价值的个数时，会发现决策者的数目与各准则下评价值的个数均相同，记为 N_S。同时，分别

统计方案 a_i 在准则 c_j 下评价值 $s_{\theta(k)}$ 的数目 $N_{s_{\theta(k)}}$，可通过计算 $N_{s_{\theta(k)}}/N_S$ 得到与 $s_{\theta(k)}$ 对应的 p^k 的值。通过这样的方式，可用概率语言术语集 $L_{ij}(p) = \{s_{ij}^{k_{ij}}(p_{ij}^{k_{ij}})\}$（$p_{ij}^{k_{ij}} > 0; k_{ij} = 1,2,\cdots,\#L_{ij}(p); \sum_{k_{ij}=1}^{\#L_{ij}(p)} p_{ij}^{k_{ij}} = 1$）描述决策者在准则 c_j 下对方案 a_i 的评价值。

3.3.2 基于距离测度的概率语言 VIKOR 方法的步骤

利用准则之间的优先关系，Yager[17] 提出了优先集结算子，用于集结备选方案在不同准则下的评价值。

定义 3－3[17] 假设 $C = \{c_1, c_2, \cdots, c_n\}$ 为一个准则集，准则之间存在优先关系 $c_1 > c_2 > \cdots > c_n$，如果 $j < k$，则准则 c_j 的优先级高于准则 c_k。在准则 c_j 下，决策者给出的方案 a 的评价值为 $v_j(a)$，并且 $v_j(a) \in [0,1]$。优先集结算子可定义如下：

$$PA(v_j(a)) = \sum_{j=1}^{n} w_j v_j(a) = \sum_{j=1}^{n} \frac{T_j}{\sum_{i=1}^{n} T_i} v_j(a) \tag{3-9}$$

其中，$w_j = \dfrac{T_j}{\sum_{i=1}^{n} T_i}, T_1 = 1, T_j = \prod_{k=1}^{j-1} v_k(a), j = 2,3,\cdots,n$。

因此，基于优先集结算子和准则之间的优先关系，可以确定准则的权重，如定义 3－4 所示。

定义 3－4 假设 $C = \{c_1, c_2, \cdots, c_n\}$ 为一个准则集，准则之间存在优先关系 $c_1 > c_2 > \cdots > c_n$，如果 $j < k$，则准则 c_j 的优先级高于准则 c_k。在准则 c_j 下，决策者给出的方案 a 的评价值用概率语言术语集 $L_{aj}(p)$ 来表示，则准则 c_j 的权重可表示如下：

$$w_j = \frac{T_j}{\sum_{i=1}^{n} T_i} \tag{3-10}$$

其中，$T_1 = 1$；$T_j = \prod_{k=1}^{j-1}(S(L_{aj}(p)))$；$j = 2,3,\cdots,n$。

针对 3.3.1 小节中的问题，本小节提出的基于距离测度的概率语言 VIKOR

方法的步骤如图 3－3 所示，随后给出了详细说明。

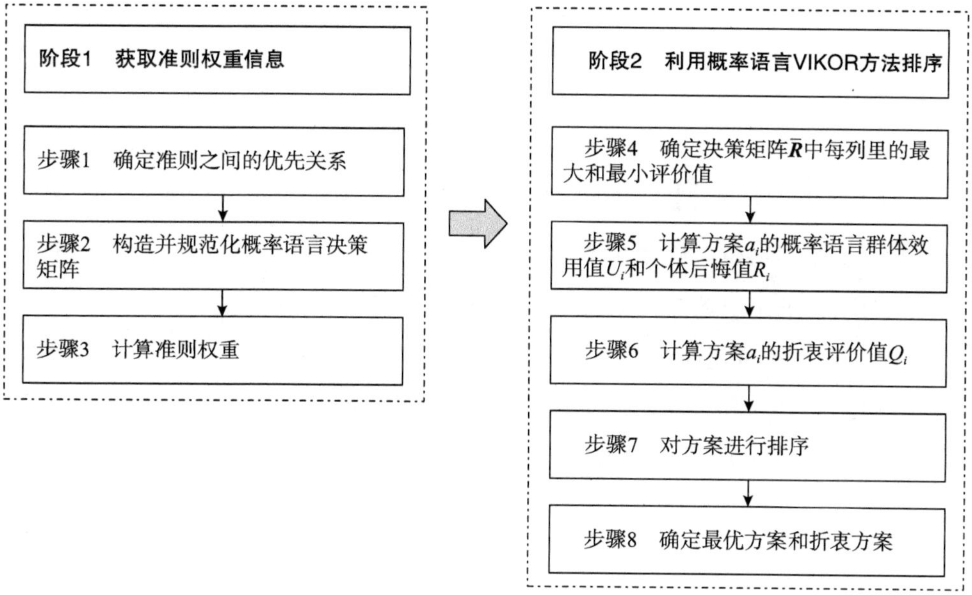

图 3－3 基于距离测度的概率语言 VIKOR 方法的步骤

阶段 1 获取准则权重信息

步骤 1 确定准则之间的优先关系。

统计得到准则 c_j 下语言评价值的数目 NB_j，NB_j 越大，说明决策者越关注准则 c_j，即 c_j 在准则中的优先级越高。依据 NB_j 的大小顺序，确定准则之间的优先关系为 $c_1' > c_2' > \cdots > c_n'$。

步骤 2 构造并规范化概率语言决策矩阵。

根据准则之间的优先关系 $c_1' > c_2' > \cdots > c_n'$ 调整原概率语言决策矩阵，若准则 c_1' 为准则集中的准则 c_j，则准则 c_1' 下方案 a_i 的评价值 $L_{i1}'(p) = L_{ij}(p)$。与 3.2.2 小节中的规范化方法一样，效益型准则下的决策值保持不变，利用第 2 章中的概率语言逆运算规范化处理成本型准则下的决策值，规范化后的概率语言决策矩阵表示为 $\boldsymbol{R}' = [L_{ij}'(p)]_{m\times n}$。

步骤 3 计算准则权重。

利用定义 3－4 与第 2 章中定义的概率语言术语集的得分函数，计算准则权重：

$$w'_{ij} = \frac{T_{ij}}{\sum_{j=1}^{n} T_{ij}} \tag{3-11}$$

$$w'_j = \sum_{i=1}^{m} \frac{w'_{ij}}{m} \tag{3-12}$$

其中，$T_{i1} = 1$，$T_{ij} = \prod_{k=1}^{j-1} S(L'_{ik}(p))$。

阶段 2　利用概率语言 VIKOR 方法排序

步骤 4　确定决策矩阵 $\bar{\boldsymbol{R}}$ 中每列里的最大和最小评价值。

利用第 2 章中定义的比较规则，确定每列中的最大评价值为 $\bar{L}_j^*(p) = \max_i\{L'_{ij}(p)\}$，每列中的最小评价值为 $\bar{L}_j^-(p) = \min_i\{L'_{ij}(p)\}$。

步骤 5　计算方案 a_i 的概率语言群体效用值 U_i 和个体后悔值 R_i。

$$U_i = \sum_{j=1}^{n} \frac{w'_j d_g(\bar{L}_j^*(p), L'_{ij}(p))}{d_g(\bar{L}_j^*(p), \bar{L}_j^-(p))} \tag{3-13}$$

$$R_i = \max_j \frac{w'_j d_g(\bar{L}_j^*(p), L'_{ij}(p))}{d_g(\bar{L}_j^*(p), \bar{L}_j^-(p))} \tag{3-14}$$

步骤 6　计算方案 a_i 的折衷评价值 Q_i。

$$Q_i = v\frac{U_i - U^+}{U^- - U^+} + (1-v)\frac{R_i - R^+}{R^- - R^+} \tag{3-15}$$

其中，$U^+ = \min_i U_i$，$U^- = \max_i U_i$，$R^+ = \min_i R_i$，$R^- = \max_i R_i$；v 是折衷系数，取值范围为［0，1］，$v>0.5$ 时，根据决策结果挑选出的方案能够达到群体效用最大化，$v<0.5$ 时，决策得到的方案序列中的最优方案可使个体遗憾最小化。

步骤 7　对方案进行排序。

根据 U_i、R_i 和 Q_i 对方案分别进行排序，得到三个方案序列。

步骤 8　确定最优方案和折衷方案。

Q_i 的值越小，方案 a_i 的折衷评价值越小，为保证最小 Q_i 对应的方案 $a^{(1)}$

为最优方案，$a^{(1)}$需满足以下两个条件：

条件1：$Q(a^{(2)})-Q(a^{(1)})\geqslant\frac{1}{m-1}$，其中$a^{(1)}$与$a^{(2)}$是依据$Q_i$得到的方案序列中排在第一位和第二位的方案。

条件2：$a^{(1)}$在依据U_i、R_i得到的两个方案序列中均排在第一位。

当$a^{(1)}$无法同时满足上述两个条件时，可得到以下折衷方案：

（1）如果只有条件2不成立，则$a^{(1)}$与$a^{(2)}$均为折衷方案。

（2）如果只有条件1不成立，则$a^{(i)}$（$i=1,2,\cdots,M$）均为折衷方案。其中，利用$Q(a^{(M)})-Q(a^{(1)})\geqslant\frac{1}{m-1}$可计算得到$M$的最大值。

3.4 案例分析

由前述章节可知，概率语言术语集可用于描述大量语言评价值，适合解决包含众多语言评价值的多准则决策问题。本书将根据概率语言术语集的以上特征，找出宜用概率语言术语集描述的案例，进而利用这些案例验证所提方法的可行性与有效性，辅助人们进行决策。特别说明：本节描述的案例背景为全书的案例背景，因此，在第4～第6章的案例分析中，不再对案例背景做详细描述，而只对该案例背景下延伸出的问题进行说明，基于此展开研究并呈现分析结果。

3.4.1 案例背景

互联网的发明是人类通信技术的一次革命，人们可以借助网络与世界各地的人们进行沟通与交流，获取各种各样的信息，如今，互联网已经改变了人们的生活方式，人们的日常生活与网络密不可分[205]。通过网络，人们可以进行远程学习、交流工作信息、购物以及娱乐；除此之外，通过设定关键词，人们可以在网络平台上搜索相关的信息，从而可以轻松地获得任何他们感兴趣的信息[206]。例如，人们常常在旅行之前制订旅行计划，旅行计划中会包括目的地、出行方式、酒店及路线等相关信息。在确定目的地之后，即可根据自身的需求选择合适的酒店[207,208]。

因为人们常常会选择一些自己从未去过的目的地，所以当地的酒店对于他们来说是比较陌生的，在这种情况下，他们通常会在网络上查找一些自己感兴趣的酒店的信息。借助旅游网站平台，人们可以搜索到目的地附近的酒店列表，并查看历史旅客对酒店的评价信息，根据这些酒店评价信息，同时考虑多种因素，可以对酒店进行较为全面的评估。但是，大量的在线评论信息也对人们选择酒店产生了一些负面影响[209]，尤其是当评论信息中包含的信息量太大时，反而增加了人们选出令自己较为满意的酒店的难度[210,211]。例如，作为一个全球领先的大型在线旅行数据平台，Tripadvisor 网站已经收录了超过 5 亿条的旅游点评及建议，并保持着每日新增几万条数据的速度，这些信息来自不同国家的游客，他们对自己去过的酒店、餐厅和景点进行了真实的评价，产生了关于这些酒店、餐厅和景点的方方面面的详细信息。值得注意的是，比较受欢迎的酒店的点评数目往往超过 5000 条（图 3－4），人们很难在短时间内从这些评论中提取出有用的信息，并根据这些信息做出自己的决策。

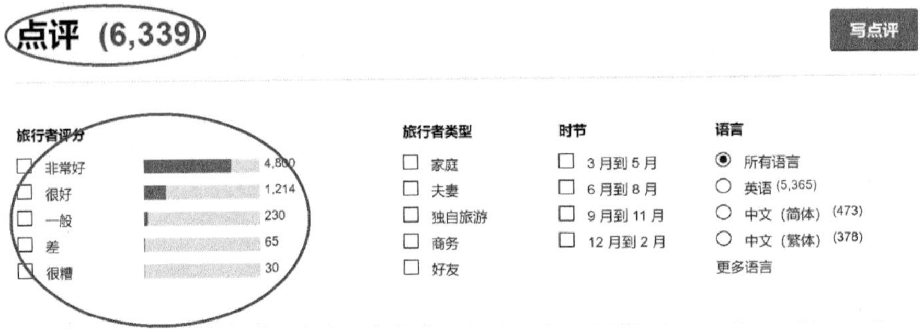

图 3－4　某酒店的点评数目为 6339 条

虽然历史旅客对酒店各个准则的评分（图 3－5）可以帮助人们更快速地了解这些酒店。然而，即使只查看评论中各个准则下的评分值，每家酒店的评论信息依旧很多。

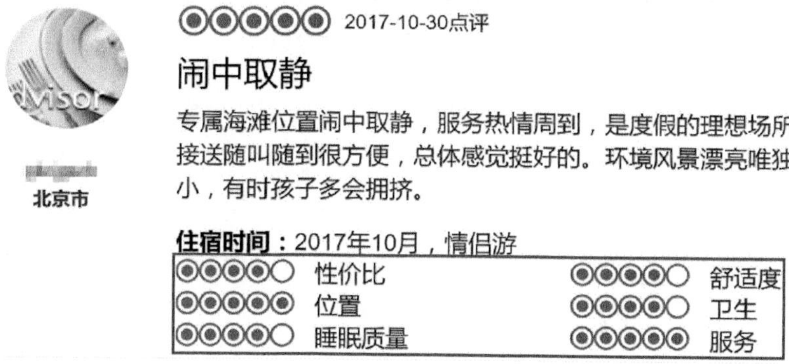

图 3－5　酒店评论中常用的六个准则

如何描述和处理包含大量语言评价值的酒店点评信息？Herrera 等[191]采用恰当的语言术语集来描述不精确的信息；Zhang 等[176]提出语言分布评估的概念，通过语言值和概率值的结合来描述数目较多的点评信息。但是，在 Tripadvisor 网站上某些酒店的点评信息中，一些准则下的评价值存在缺失，如图 3－6 所示。

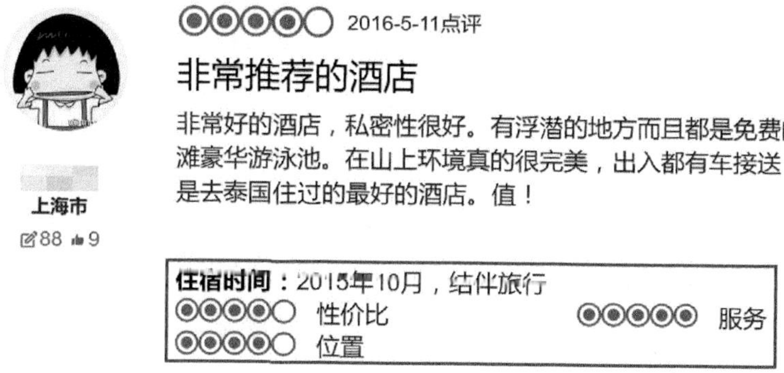

图 3－6　某用户对酒店进行点评时使用了三个准则

很明显，Tripadvisor 网站上的酒店点评信息既有各个准则下评价信息均存在的情况，也有某些准则下评价信息缺失的情况。因此，与语言分布评估相比，采用概率语言术语集描述 Tripadvisor 网站上的酒店点评信息更加合理。评价酒店涉及的因素众多，但旅客在对酒店进行点评时，经常提及游泳池、健身中心等设施，并会对这些设施做出评价，如图 3－7 所示。

酒店设施	房间设施	活动设施
免费停车	空调	游泳池
客房送餐服务	迷你吧台	有健身房的健身中心
提供上网服务的商务中心		SPA
机场接送		户外泳池
会议室		
洗衣服务		
门房服务		
餐厅		
酒吧		
精通多国语言的服务员		
会议设施		

图 3－7　某酒店列出的设施

为方便统计数据，采用图 3－5 中的六个准则作为本书案例中的准则，并用 $C=\{c_1,c_2,c_3,c_4,c_5,c_6\}$ 来表示，参考文献［212］给出了这六个准则的详细含义，见表 3－1。

表 3－1　准则名称及含义

准则 c_j	名称	含义
c_1	睡眠质量	睡眠质量是旅行者入住陌生酒店时关注的主要因素，关注的内容包括床的舒适度、房间内部的隔音效果、房间的温度等影响睡眠的因素[214]
c_2	位置	旅行者会考虑酒店或其附近是否有方便使用的停车场、去机场或者乘坐公共交通是否便利等。对于偏好具有便利位置的酒店的旅行者来说，位置因素非常重要，借助便利的位置，他们可以按照自己的安排来活动。类似地，商务人士也更加偏好商业会议召开地附近的酒店[215]
c_3	舒适度	舒适度涉及的方面较广，旅行者在评价酒店的舒适度时，会考虑酒店的各类设施、房间的面积、房间的整洁度和舒适度、酒店指示牌的人性化程度和准确程度等。该准则的评价值会直接影响旅行者对酒店的评分值，因此具有较大的权重[215]
c_4	服务	该准则指的是旅行者在入住期间感受到的酒店提供的服务，包括酒店工作人员的友好程度、服务质量及专业程度、提供 24 小时房间服务及健身设施等。旅行者在与酒店工作人员的交流中，即会产生对该酒店服务方面的评分[215]

续表

准则 c_j	名称	含义
c_5	性价比	旅行者评论酒店的性价比时，往往会考虑住宿费用、预订便利性、价格合理性、折扣程度、免费早餐、免费网络、网络速度等[215]
c_6	卫生	卫生是旅行者最重视的准则[216]，包括房间浴室、大堂、走廊、电梯及餐厅等各处的卫生

3.4.2 数据收集方法

若每位住客都在上述六个准则下对酒店进行评价，则可得到完备概率语言术语集。

例 3－1 在收集住客对酒店的点评信息时，需要分别统计各个准则下每个星级的数目，某酒店的统计结果见表 3－2。

表 3－2 某酒店点评信息中各个准则下每个星级的数目

准则 c_j	“非常好”的数目	“很好”的数目	“一般”的数目	“差”的数目	“很糟”的数目	总数目
c_1	163	27	7	2	1	200
c_2	164	29	5	2	0	200
c_3	147	43	8	1	1	200
c_4	172	20	4	3	1	200
c_5	107	59	26	6	2	200
c_6	164	32	4	0	0	200

由表 3－2 中可知，某酒店在准则 c_1 下获得评价“非常好”的概率为 0.815。语言术语集 $S=\{s_0, s_1, s_2, s_3, s_4\}$ 中的语言项与星级评价“很糟”“差”“一般”“很好”及“非常好”一一对应，则该酒店在准则 c_1 下 s_4 的概率为 0.815。类似地，通过计算可得到该酒店在各个准则下不同语言项对应的概率值，见表 3－3。

表 3-3　某酒店在各个准则下不同语言项对应的概率值

准则 c_j	s_4 的概率值	s_3 的概率值	s_2 的概率值	s_1 的概率值	s_0 的概率值
c_1	0.815	0.135	0.035	0.01	0.005
c_2	0.82	0.145	0.025	0.01	0
c_3	0.735	0.215	0.04	0.005	0.005
c_4	0.86	0.1	0.02	0.015	0.005
c_5	0.535	0.295	0.13	0.03	0.01
c_6	0.82	0.16	0.02	0	0

由表 3-3 可知，某酒店在各个准则下的评价值可用概率语言术语集表示如下：

$$L_1(p)=\{s_4(0.815),s_3(0.135),s_2(0.035),s_1(0.01),s_0(0.005)\}$$

$$L_2(p)=\{s_4(0.82),s_3(0.145),s_2(0.025),s_1(0.01)\}$$

$$L_3(p)=\{s_4(0.735),s_3(0.215),s_2(0.04),s_1(0.005),s_0(0.005)\}$$

$$L_4(p)=\{s_4(0.86),s_3(0.1),s_2(0.02),s_1(0.015),s_0(0.005)\}$$

$$L_5(p)=\{s_4(0.535),s_3(0.295),s_2(0.13),s_1(0.03),s_0(0.01)\}$$

$$L_6(p)=\{s_4(0.82),s_3(0.16),s_2(0.02)\}$$

若住客对酒店点评中的某些准则不感兴趣，而未给出所有准则下的评价值，如图 3-6 所示，则得到的概率语言术语集为不完备概率语言术语集。与例 3-1 相同，某酒店的评论数目为 200，在准则 c_2 下，评价“非常好”“很好”“一般”“差”及“很糟”的数目分别为 158、24、3、1 及 0，有 14 名住客未给出该准则下的评价值。此时，在准则 c_2 下，不同语言项对应的概率值分别为 0.79、0.12、0.015、0.005 及 0，概率之和小于 1，则该酒店在准则 c_2 下的评价值可用不完备概率语言术语集 $\{s_4(0.79),s_3(0.12),s_2(0.015),s_1(0.005)\}$ 来描述。

若所有住客均未在准则 c_2 下做出评价，则该准则下的评价值完全缺失，根据评价信息得到的决策矩阵为概率语言信息残缺矩阵。

3.4.3 决策过程

1. 基于距离测度的概率语言 MABAC 方法的决策过程

为帮助潜在住客在 Tripadvisor 网站上选择令其满意的酒店，网站工作人员对某市热门的五星级酒店进行了综合评估，从 60 多家酒店中预选出 5 家，这 5 家酒店分别用 a_1、a_2、a_3、a_4 及 a_5 来表示。在对酒店进行评估时，考虑以下 6 个准则：c_1，睡眠质量；c_2，位置；c_3，舒适度；c_4，服务；c_5，性价比；c_6，卫生。准则的权重向量 $\boldsymbol{w}=(w_1,w_2,w_3,w_4,w_5,w_6)=(0.0062,0.0023,0.0124,0.7648,0.1187,0.0956)$。对酒店进行评估时，需要收集以往住客的评论信息并进行整理，住客对酒店进行点评采用的星级用语言术语集 $S=\{s_0=$ 很糟，$s_1=$ 差，$s_2=$ 一般，$s_3=$ 很好，$s_4=$ 非常好$\}$ 来表示。根据 3.4.2 小节中的数据收集方法，得到 5 家酒店在各个准则下的概率语言评价信息，见表 3-4。

表 3-4 5 家酒店在各个准则下的概率语言评价信息

酒店	c_1	c_2	c_3
a_1	$\{s_4(0.9),s_3(0.0859),s_2(0.0118),s_0(0.0024)\}$	$\{s_4(0.581),s_3(0.2908),s_2(0.0976),s_1(0.0257),s_0(0.0049)\}$	$\{s_4(0.8755),s_3(0.1102),s_2(0.0093),s_1(0.0025),s_0(0.0025)\}$
a_2	$\{s_4(0.7907),s_3(0.1651),s_2(0.0357),s_1(0.0066),s_0(0.0018)\}$	$\{s_4(0.9007),s_3(0.0993)\}$	$\{s_4(0.8687),s_3(0.0991),s_2(0.0225),s_1(0.0079),s_0(0.0018)\}$
a_3	$\{s_4(0.8292),s_3(0.1402),s_2(0.0177),s_1(0.0049),s_0(0.0079)\}$	$\{s_4(0.753),s_3(0.1975),s_2(0.0494)\}$	$\{s_4(0.8179),s_3(0.1605),s_2(0.0144),s_1(0.0024),s_0(0.0048)\}$
a_4	$\{s_4(0.8422),s_3(0.1361),s_2(0.0165),s_1(0.0038),s_0(0.0015)\}$	$\{s_4(0.8712),s_3(0.1118),s_2(0.0139),s_1(0.003)\}$	$\{s_4(0.8757),s_3(0.0989),s_2(0.0208),s_1(0.0046)\}$
a_5	$\{s_4(0.8598),s_3(0.127),s_2(0.0088),s_0(0.0044)\}$	$\{s_4(0.5756),s_3(0.2826),s_2(0.1333),s_1(0.0042),s_0(0.0042)\}$	$\{s_4(0.8127),s_3(0.1495),s_2(0.0323),s_1(0.0055)\}$

续表

酒店	c_4	c_5	c_6
a_1	$\{s_4(0.8936), s_3(0.091), s_2(0.0104), s_1(0.0036), s_0(0.0014)\}$	$\{s_4(0.6734), s_3(0.2781), s_2(0.0435), s_0(0.005)\}$	$\{s_4(0.9228), s_3(0.0748), s_2(0.0024)\}$
a_2	$\{s_4(0.8215), s_3(0.1314), s_2(0.0316), s_1(0.0054), s_0(0.01)\}$	$\{s_4(0.5903), s_3(0.3244), s_2(0.0686), s_1(0.0066), s_0(0.0101)\}$	$\{s_4(0.918), s_3(0.0643), s_2(0.0112), s_1(0.0065)\}$
a_3	$\{s_4(0.8191), s_3(0.112), s_2(0.0282), s_1(0.0329), s_0(0.0078)\}$	$\{s_4(0.4984), s_3(0.3081), s_2(0.1663), s_1(0.0272)\}$	$\{s_4(0.8597), s_3(0.1285), s_2(0.0118)\}$
a_4	$\{s_4(0.8082), s_3(0.1208), s_2(0.0328), s_1(0.0193), s_0(0.0188)\}$	$\{s_4(0.5058), s_3(0.3771), s_2(0.0803), s_1(0.022), s_0(0.0147)\}$	$\{s_4(0.8699), s_3(0.0945), s_2(0.027), s_1(0.0064), s_0(0.0021)\}$
a_5	$\{s_4(0.8337), s_3(0.1097), s_2(0.0437), s_1(0.0077), s_0(0.0052)\}$	$\{s_4(0.5853), s_3(0.2859), s_2(0.1167), s_1(0.008), s_0(0.004)\}$	$\{s_4(0.9099), s_3(0.0857), s_1(0.0044)\}$

采用 3.2.2 小节提出的方法进行决策，步骤如下。

步骤 1　规范化概率语言决策矩阵。

本案例中，所有准则均为效益型准则，因此原评价信息构成的概率语言决策矩阵即为规范化后的概率语言决策矩阵，即 $\boldsymbol{R} = [L_{ij}(p)]_{5\times6} = [R_1, R_2, R_3, R_4, R_5, R_6]$。

因矩阵 $\boldsymbol{R}$ 中的元素值与表 3－4 中的评价值相同，这里对 $\boldsymbol{R}$ 不再赘述。

步骤 2　计算加权概率语言决策矩阵。

已知准则的权重为 $\boldsymbol{w} = (0.0062, 0.0023, 0.0124, 0.7648, 0.1187, 0.0956)$，则加权概率语言决策矩阵为：

$$\overline{\boldsymbol{R}} = [\overline{R}_1, \overline{R}_2, \overline{R}_3, \overline{R}_4, \overline{R}_5, \overline{R}_6] =$$

$$\left[\begin{array}{llllll}
\{s_4(0.0056), s_3(0.0005), s_2(0.0001)\} & \{s_4(0.0013), s_3(0.0007), s_2(0.0002), s_1(0.0001)\} & \{s_4(0.0109), s_3(0.0014), s_2(0.0001)\} & \{s_4(0.6834), s_3(0.0696), s_2(0.008), s_1(0.0028), s_0(0.0011)\} & \{s_4(0.0799), s_3(0.033), s_2(0.0052), s_0(0.0006)\} & \{s_4(0.0882), s_3(0.0072), s_2(0.0002)\} \\
\{s_4(0.0049), s_3(0.001), s_2(0.0002)\} & \{s_4(0.0021), s_3(0.0002)\} & \{s_4(0.0108), s_3(0.0012), s_2(0.0003), s_1(0.0001)\} & \{s_4(0.6283), s_3(0.1005), s_2(0.0242), s_1(0.0041), s_0(0.0076)\} & \{s_4(0.0701), s_3(0.0385), s_2(0.0081), s_1(0.0008), s_0(0.0012)\} & \{s_4(0.0878), s_3(0.0061), s_2(0.0011), s_1(0.0006)\} \\
\{s_4(0.0051), s_3(0.0009), s_2(0.0001)\} & \{s_4(0.0017), s_3(0.0005), s_2(0.0001)\} & \{s_4(0.0101), s_3(0.002), s_2(0.0002)\} & \{s_4(0.6264), s_3(0.0857), s_2(0.0216), s_1(0.0252), s_0(0.006)\} & \{s_4(0.0592), s_3(0.0366), s_2(0.0197), s_1(0.0032)\} & \{s_4(0.0822), s_3(0.0123), s_2(0.0011)\} \\
\{s_4(0.0052), s_3(0.0008), s_2(0.0001)\} & \{s_4(0.002), s_3(0.0003)\} & \{s_4(0.0109), s_3(0.0012), s_2(0.0003), s_1(0.0001)\} & \{s_4(0.6181), s_3(0.0924), s_2(0.0251), s_1(0.0148), s_0(0.0144)\} & \{s_4(0.06), s_3(0.0448), s_2(0.0095), s_1(0.0026), s_0(0.0017)\} & \{s_4(0.0832), s_3(0.009), s_2(0.0026), s_1(0.0006), s_0(0.0002)\} \\
\{s_4(0.0053), s_3(0.0008), s_2(0.0001)\} & \{s_4(0.0013), s_3(0.0006), s_2(0.0003)\} & \{s_4(0.0101), s_3(0.0019), s_2(0.0004), s_1(0.0001)\} & \{s_4(0.6376), s_3(0.0839), s_2(0.0334), s_1(0.0059), s_0(0.004)\} & \{s_4(0.0695), s_3(0.0339), s_2(0.0139), s_1(0.0009), s_0(0.0005)\} & \{s_4(0.087), s_3(0.0082), s_1(0.0004)\}
\end{array}\right]$$

步骤 3 确定加权概率语言决策矩阵的边界近似区域。

利用公式（3 -5）计算得到每个准则下的边界近似区域：

$$\tilde{g}_1 = \{s_4(0.0052), s_3(0.0008), s_2(0.0001)\}$$

$$\tilde{g}_2 = \{s_4(0.0017), s_3(0.0005), s_2(0.0001)\}$$

$\tilde{g}_3 = \{s_4(0.0105), s_3(0.0015), s_2(0.0002), s_1(0.0001)\}$

$\tilde{g}_4 = \{s_4(0.6388), s_3(0.0864), s_2(0.0224), s_1(0.0105), s_0(0.0066)\}$

$\tilde{g}_5 = \{s_4(0.0677), s_3(0.0374), s_2(0.0113), s_1(0.0015), s_0(0.0008)\}$

$\tilde{g}_6 = \{s_4(0.0857), s_3(0.0086), s_2(0.001), s_1(0.0003)\}$

则边界近似区域向量 $\boldsymbol{G} = [\tilde{g}_1, \tilde{g}_2, \cdots, \tilde{g}_6]$。

步骤 4 计算加权概率语言决策矩阵中的元素与边界近似区域之间的距离。

利用第 2 章中的概率语言术语集的比较规则，判断 $\bar{L}_{ij}(p)$ 与对应的 $\tilde{g}_j$ 的大小，再利用公式（3－2）计算 $\bar{L}_{ij}(p)$ 与准则 c_j 下的边界近似区域之间的距离 $\tilde{d}_{ij}$，其中语言转换函数为 $f_1(s_x)$，距离测度中 $r = 1$。则

$$\tilde{\boldsymbol{d}} = [\tilde{d}_{ij}]_{5\times6} = \begin{bmatrix} 0.0002 & -0.0002 & 0.0002 & 0.0125 & 0.0041 & 0.0011 \\ 0.0002 & 0.0002 & 0.0001 & -0.0047 & 0.0010 & 0.0010 \\ 0.0001 & 0 & 0.0002 & -0.0033 & 0.0032 & 0.0019 \\ 0 & 0.0002 & 0.0002 & -0.0055 & -0.0029 & -0.0008 \\ 0 & -0.0002 & 0.0002 & 0.0019 & 0.0012 & 0.0005 \end{bmatrix}$$

步骤 5 对酒店进行排序。

根据公式（3－8）计算得到各酒店与边界近似区域之间的综合贴近度分别为：$CC_1 = 0.0179$，$CC_2 = -0.0022$，$CC_3 = 0.0021$，$CC_4 = -0.0088$，$CC_5 = 0.0036$。得到酒店的完全序为：$a_1 > a_5 > a_3 > a_2 > a_4$，因此 a_1 为最优酒店。

语言转换函数和距离测度中的 r 对排序结果都有一定的影响，利用不同的语言转换函数和不同的参数 r 得到的排序结果见表 3－5。语言转换函数取 $f_2(s_y)$ 时，函数中的参数 $a = 1.4$；语言转换函数取 $f_3(s_z)$ 时，函数中的参数 $\alpha = \beta = 0.8$。本书中涉及 $f_2(s_y)$ 与 $f_3(s_z)$ 时，均按上述取值。

表 3－5　调整语言转换函数和参数 r 得到的排序结果

参数 r	语言转换函数	排序结果
$r=1$	$f_1(s_x)$	$a_1 > a_5 > a_3 > a_2 > a_4$
	$f_2(s_y)$	$a_1 > a_5 > a_3 > a_2 > a_4$
	$f_3(s_z)$	$a_1 > a_5 > a_3 > a_2 > a_4$
$r=2$	$f_1(s_x)$	$a_1 > a_5 > a_3 > a_2 > a_4$
	$f_2(s_y)$	$a_1 > a_5 > a_3 > a_2 > a_4$
	$f_3(s_z)$	$a_1 > a_5 > a_3 > a_2 > a_4$

由表 3－5 可知，调整语言转换函数和参数 r 得到的结果保持一致，这与各酒店的综合贴近度有较大关系。在该案例中，各酒店的综合贴近度相差较大，调整语言转换函数和参数 r 后，虽然各酒店的综合贴近度发生了较大变化，但是这种变化未体现在排序结果上。

2. 基于距离测度的概率语言 VIKOR 方法的决策过程

3.3.2 小节中所提方法与 3.2.2 小节中方法的不同之处在于，前者可解决权重未知的完备概率语言决策问题，在验证 3.3.2 小节所提方法的可行性时，基于 3.4.1 小节中的案例背景选取案例。此外，为方便进一步对不同方法进行对比，选取 3.4.3 小节中涉及 MABAC 方法的案例，但准则的权重未知，其他条件保持一致，则决策过程如下。

步骤 1　确定准则之间的优先关系。

根据各准则下评价值的数目，确定准则的优先关系为 $c_4 \succ c_5 \succ c_6 \succ c_3 \succ c_1 \succ c_2$。

步骤 2　规范化概率语言决策矩阵。

根据准则之间的优先关系 $c_4 \succ c_5 \succ c_6 \succ c_3 \succ c_1 \succ c_2$，调整 $\boldsymbol{R}$ 中每一列的评估值，调整后的概率语言决策矩阵为 $\boldsymbol{R}'$（此处省略）。调整后的准则为：$c_1'=c_4$；$c_2'=c_5$；$c_3'=c_6$；$c_4'=c_3$；$c_5'=c_1$；$c_6'=c_2$。由于各准则均为效益型准则，因此调整后的概率语言决策矩阵 $\boldsymbol{R}'$ 即为规范化后的概率语言决策矩阵。

步骤 3　计算准则权重。

语言转换函数取 $f_1(s_x)$，利用公式（3－10）计算得到准则权重：$w_1'=0.8093$，$w_2'=0.1518$，$w_3'=0.0286$，$w_4'=0.0082$，$w_5'=0.0017$，$w_6'=0.0004$。

步骤 4　确定决策矩阵 $\overline{\boldsymbol{R}}$ 中每列里的最大和最小评价值。

根据第 2 章中的概率语言术语集的比较规则，得到每列中的最大评价值为：

$\bar{L}_1^*(p) = L'_{11}(p), \bar{L}_2^*(p) = L'_{22}(p), \bar{L}_3^*(p) = L'_{43}(p), \bar{L}_4^*(p) = L'_{14}(p), \bar{L}_5^*(p) = L'_{15}(p), \bar{L}_6^*(p) = L'_{16}(p)$

每列中的最小评价值为：

$\bar{L}_1^-(p) = L'_{21}(p), \bar{L}_2^-(p) = L'_{12}(p), \bar{L}_3^-(p) = L'_{33}(p), \bar{L}_4^-(p) = L'_{44}(p), \bar{L}_5^-(p) = L'_{45}(p), \bar{L}_6^-(p) = L'_{46}(p)$

步骤 5　计算酒店 a_i 的概率语言群体效用值 U_i 和个体后悔值 R_i。

距离测度中 $r = 1$，利用公式（3－13）和公式（3－14）计算得到各酒店的概率语言群体效用值 U_i 和个体后悔值 R_i，见表 3－6。

表 3－6　各酒店的概率语言群体效用值 U_i 和个体后悔值 R_i

酒店	a_1	a_2	a_3	a_4	a_5
U_i	0.0015	0.8659	0.9146	0.9908	0.695
R_i	0.0011	0.7809	0.6957	0.8093	0.6034

步骤 6　计算酒店 a_i 的折衷评价值 Q_i。

令 $v = 0.5$，利用公式（3－15）计算得到各酒店的折衷评价值 Q_i，见表 3－7。

表 3－7　各酒店的折衷评价值 Q_i

酒店	a_1	a_2	a_3	a_4	a_5
Q_i	0	0.9193	0.8912	1	0.7231

步骤 7　对酒店进行排序。

根据步骤 5 和步骤 6 中的计算结果，分别得到三个酒店序列，见表 3－8。

表 3－8　根据 U_i、R_i 和 Q_i 得到的排序结果

参数	排序结果	最优方案
U_i	$a_1 > a_5 > a_2 > a_3 > a_4$	a_1
R_i	$a_1 > a_5 > a_3 > a_2 > a_4$	a_1
Q_i	$a_1 > a_5 > a_3 > a_2 > a_4$	a_1

步骤 8 确定最优酒店和折衷酒店。

由于 $Q(a^{(2)})-Q(a^{(1)})=0.7231$，$\frac{1}{m-1}=\frac{1}{4}$，$Q(a^{(2)})-Q(a^{(1)})>\frac{1}{m-1}$，条件 1 成立，条件 2 也成立，因此 a_1 为最优酒店。

在该案例中，决策者可根据决策需要选择不同的语言转换函数或调整参数 r 和 v。保持 $r=1$ 及 $v=0.5$，调整语言转换函数，得到的排序结果见表 3－9。

表 3－9 调整语言转换函数得到的排序结果

语言转换函数	参数	排序结果	最优方案
$f_1(s_x)$	U_i	$a_1>a_5>a_2>a_3>a_4$	a_1
	R_i	$a_1>a_5>a_3>a_2>a_4$	a_1
	Q_i	$a_1>a_5>a_2>a_3>a_4$	a_1
$f_2(s_y)$	U_i	$a_1>a_5>a_2>a_3>a_4$	a_1
	R_i	$a_1>a_5>a_3>a_2>a_4$	a_1
	Q_i	$a_1>a_5>a_2>a_3>a_4$	a_1
$f_3(s_z)$	U_i	$a_1>a_5>a_2>a_3>a_4$	a_1
	R_i	$a_1>a_5>a_3>a_2>a_4$	a_1
	Q_i	$a_1>a_5>a_2>a_3>a_4$	a_1

语言转换函数取 $f_1(s_x)$，调整参数 r 和 v 得到的排序结果见表 3－10。

表 3－10 调整参数 r 和 v 得到的排序结果

r	v	参数	排序结果	最优方案
1	0.2	U_i	$a_1>a_5>a_2>a_3>a_4$	a_1
		R_i	$a_1>a_5>a_3>a_2>a_4$	a_1
		Q_i	$a_1>a_5>a_3>a_2>a_4$	a_1
	0.5	U_i	$a_1>a_5>a_2>a_3>a_4$	a_1
		R_i	$a_1>a_5>a_3>a_2>a_4$	a_1
		Q_i	$a_1>a_5>a_2>a_3>a_4$	a_1
	0.8	U_i	$a_1>a_5>a_2>a_3>a_4$	a_1
		R_i	$a_1>a_5>a_3>a_2>a_4$	a_1
		Q_i	$a_1>a_5>a_2>a_3>a_4$	a_1

续表

r	v	参数	排序结果	最优方案
2	0.2	U_i	$a_1 > a_5 > a_2 > a_3 > a_4$	a_1
		R_i	$a_1 > a_5 > a_3 > a_2 > a_4$	a_1
		Q_i	$a_1 > a_5 > a_2 > a_3 > a_4$	a_1
	0.5	U_i	$a_1 > a_5 > a_2 > a_3 > a_4$	a_1
		R_i	$a_1 > a_5 > a_3 > a_2 > a_4$	a_1
		Q_i	$a_1 > a_5 > a_2 > a_3 > a_4$	a_1
	0.8	U_i	$a_1 > a_5 > a_2 > a_3 > a_4$	a_1
		R_i	$a_1 > a_5 > a_3 > a_2 > a_4$	a_1
		Q_i	$a_1 > a_5 > a_2 > a_3 > a_4$	a_1

3.4.4 对比分析

在 3.4.3 小节中，两个决策过程验证了 3.2.2 小节和 3.3.2 小节中所提方法的可行性，为了进一步验证这两种方法的有效性，本小节将应用参考文献［217］中提出的用于处理大群体决策问题的方法来解决 3.2.1 小节中的问题，并对三种方法进行对比分析。

在进行对比分析之前，为保证不同方法所得结果不受权重影响，取权重 $\boldsymbol{w} = (w_1, w_2, w_3, w_4, w_5, w_6) = (0.0062, 0.0023, 0.0124, 0.7648, 0.1187, 0.0956)$，语言转换函数取 $f_1(s_x)$，距离测度中 $r=1$，则应用 3.3.2 小节中所提方法解决 3.2.1 小节中的问题时，所得 U_i、R_i 和 Q_i 见表 3－11。

表 3－11　各酒店 U_i、R_i 和 Q_i 值

酒店	a_1	a_2	a_3	a_4	a_5
U_i	0.0028	0.275	0.368	0.374	0.2386
R_i	0.0023	0.2198	0.2129	0.2471	0.1744
Q_i	0	0.2878	0.3328	0.3584	0.2386

得到的酒店排序见表 3－12。

表 3－12 酒店排序

参数	排序结果
U_i	$a_1 \succ a_5 \succ a_2 \succ a_3 \succ a_4$
R_i	$a_1 \succ a_5 \succ a_3 \succ a_2 \succ a_4$
Q_i	$a_1 \succ a_5 \succ a_2 \succ a_3 \succ a_4$

应用参考文献［217］中提出的用于处理大群体决策问题的方法来解决 3.2.1 小节中的问题时，具体决策步骤如下。

步骤 1 规范化概率语言决策矩阵。

与 3.2.2 小节中的步骤 1 相同，得到 $\boldsymbol{R} = [L_{ij}(p)]_{m\times n}$。

步骤 2 计算综合加权概率语言决策矩阵。

已知权重 $\boldsymbol{w} = (0.0062, 0.0023, 0.0124, 0.7648, 0.1187, 0.0956)$，计算综合加权概率语言决策矩阵，当语言项相等时，综合计算语言项对应的概率值如下：

$$p_i^{(s_i)} = \sum_{j=1}^{n} w_j p_{ij}^{(s_i)} \tag{3-16}$$

步骤 3 计算酒店对之间的占优度。

利用参考文献［217］中的方法计算酒店对之间的占优度，得到的占优度矩阵 $\boldsymbol{DD}$ 如下：

$$\boldsymbol{DD} = \begin{bmatrix} 0.500 & 0.534 & 0.545 & 0.548 & 0.531 \\ 0.466 & 0.500 & 0.512 & 0.514 & 0.498 \\ 0.455 & 0.488 & 0.500 & 0.502 & 0.486 \\ 0.452 & 0.486 & 0.498 & 0.500 & 0.483 \\ 0.469 & 0.502 & 0.514 & 0.516 & 0.500 \end{bmatrix}$$

步骤 4 计算酒店 a_i 的综合占优度 $PD^+(a_i)$、非占优度 $ND^-(a_i)$ 及相对占优度 $CD(a_i)$。

根据占优度矩阵 $\boldsymbol{DD}$ 得到各酒店的综合占优度 $PD^+(a_i)$、非占优度 $ND^-(a_i)$ 及相对占优度 $CD(a_i)$，见表 3－13。

表 3-13 各酒店的 $PD^+(a_i)$、$ND^-(a_i)$ 及 $CD(a_i)$

酒店	a_1	a_2	a_3	a_4	a_5
$PD^+(a_i)$	5.566	5.228	5.104	5.083	5.25
$ND^-(a_i)$	4.433	4.771	4.896	4.916	4.75
$CD(a_i)$	1.133	0.457	0.208	0.167	0.5

步骤 5 对酒店进行排序。

酒店的相对占优度越大，说明酒店越优。对酒店进行排序，可知 a_1 为最优酒店，酒店的排序为 $a_1 > a_5 > a_2 > a_3 > a_4$。

综上所述，应用基于距离测度的概率语言 MABAC 方法、基于距离测度的概率语言 VIKOR 方法及参考文献［217］中提出的用于处理大群体决策问题的方法得到酒店的完全序，见表 3-14。

表 3-14 应用三种方法得到的酒店排序结果

方法	排序结果
基于距离测度的概率语言 MABAC 方法	$a_1 > a_5 > a_3 > a_2 > a_4$
基于距离测度的概率语言 VIKOR 方法	$a_1 > a_5 > a_2 > a_3 > a_4$
参考文献［217］中处理大群体决策问题的方法	$a_1 > a_5 > a_2 > a_3 > a_4$

由上述分析及表 3-14 可知：

（1）在权重信息相同时，本书所提两种方法的决策结果与参考文献［217］中方法的决策结果基本一致，最优酒店均为 a_1，利用基于距离测度的概率语言 VIKOR 方法得到的排序结果与利用参考文献［217］中的方法得到的排序结果完全一致，验证了 3.2.2 小节和 3.3.2 小节中所提方法的可行性和有效性。

（2）与参考文献［217］中的方法对比可知，基于距离测度的概率语言 MABAC 方法步骤较少，计算过程简单易懂，通过计算集结后的综合评价值与各酒店在各个准则下的评价值之间的距离差异，随后根据差异值判定酒店是更靠近理想酒店还是非理想酒店，结果可靠。当权重信息和酒店在所有准则下的评价信息均完全已知时，可采用该方法快速计算决策结果。而在权重信息未知时，基于距离测度的概率语言 VIKOR 方法中详细阐述了计算权重的过程。与直接给出权重信息相比，在大多数决策情形中，决策者更容易给出准则的优先顺序。在确定准则之间的优先关系后，可基于优先集结算子的思想计算权重，进而得到决策结果，在无法得到确定的最优酒店时，可得到折衷酒店。当权重未知且准则之间存在优先顺序时，可采用基于距离测度的概率语言 VIKOR 方法进行决策。而参考文献［217］中的方法仅适用于权重已知的概率语言决策问题，未考虑权重未知的情况，存在局限性。

（3）利用本章中所提两种方法进行决策时，评价值之间的差异程度均需通过 3.1 节中定义的概率语言术语集的距离测度进行测量。该距离测度中包含起调节作用的参数 r 和语言转换函数，参数 r 取不同值时，距离测度退化为不同的形式，与参考文献［217］中的方法相比，具有更大的灵活性，适用于不同的决策情境。而三种语言转换函数体现出了语言值的价值，进一步增强了该距离测度的适用性，从而使得本章所提方法能比参考文献［217］中的方法更好地应用于不同的语言环境，解决更多的完备概率语言决策问题。

3.5　本章小结

本章重新定义了概率语言术语集的距离测度，并对其相应的性质进行了讨论及证明。在此基础上，详细描述了完备概率语言多准则决策问题，并以实际案例为背景，说明了如何获取完备概率语言术语集；提出了基于距离测度的概率语言 MABAC 方法和 VIKOR 方法，并通过案例分析与对比分析证明了所提方法的可行性与有效性。在案例分析部分，本章根据要解决的问题的特征寻找合适的案例，并对案例背景进行了详细描述。本书后续研究中的案例均为由此案例背景延伸得到的不同案例。本章所提两种方法各具特点，分别用于解决权重已知和权重信息部分已知而准则之间优先顺序已知的概率语言多准则决策问题，具有理论价值及实用价值。

4 基于随机占优度的概率语言多准则决策方法

在完备概率语言多准则决策问题中，随着语言评价值的增多，每个准则下的语言评价值可当作离散型随机变量来考虑。例如，为了更好地服务潜在住客，某旅游网站保存了连续几年来每位历史住客对各家酒店的评价信息，其中，某家酒店在每个准则下的语言评价值的数目可能会超过 5000 条，甚至达到上万条。整理所有历史住客对该酒店在“服务”方面做出的评价时，得到 $\{s_4(0.8755), s_3(0.1102), s_2(0.0093), s_1(0.0025), s_0(0.0025)\}$ 这一完备概率语言信息，其中 s_4、s_3、s_2、s_1 及 s_0 分别代表“很好”“好”“一般”“差”及“很差”。潜在住客在查看该酒店的评价信息时，感受到的可能是“服务”“很好”，也可能是“服务”“一般”。与语言值对应的概率值可理解为该语言值发生的概率，基于这一思路，每个准则下的评价值均可理解为离散型随机变量及其概率分布。

现有文献中极少介绍基于随机理论提出的概率语言多准则决策方法。本章将基于随机占优理论的研究成果对完备概率语言多准则决策问题进行研究，利用方案在各个准则下的大量语言评价值，可得到其在每个准则下的离散型随机变量及其概率分布，即将完备概率语言术语集转化为相应的离散型概率语言分布函数及累积分布函数。

本章将对概率语言的随机占优准则进行研究，进而提出概率语言随机占优度的概念，并对其性质进行讨论；随后，提出基于随机占优度的概率语言 PROMETHEE 方法以及基于 SMAA 和随机占优度的概率语言多准则决策方法，通过案例验证所提方法的可行性，并将所提方法与已有方法进行对比分析，进一步说明本章中所提方法的优势及适用的决策环境；最后，对本章研究内容进行总结。

4.1 概率语言随机占优关系

基于随机占优度提出的随机多准则决策方法是目前应用较广的随机多准则决策方法之一，其优势为无须设定效用函数，根据随机占优准则即可对两个备选方案的累积分布函数进行比较，得到合理的排序。在提出基于随机占优度的概率语言多准则决策方法之前，需要定义概率语言随机占优准则及概率语言随机占优度。

4.1.1 概率语言随机占优准则

设 $S = \{s_t \mid t = 0,1,\cdots,2T\}$ 为一个语言术语集，概率语言术语集 $L(p) = \{s_i(p^{(i)}) \mid i = 0,1,\cdots,2T, s_i \in S\}$ 可被认为是在某个准则下，某方案的语言评价结果呈现出的离散分布形式，即将概率语言术语集视为一个离散随机变量，其对应的离散概率分布函数 $P(s_x)$ 表示如下：

$$P(s_x) = \begin{cases} p^{(0)}, & s_x = s_0 \\ p^{(1)}, & s_x = s_1 \\ \vdots & \vdots \\ p^{(2T)}, & s_x = s_{2T} \end{cases} \tag{4-1}$$

根据公式（4－1）中表述的 $P(s_x)$，其对应的累积分布函数 $F(s_x)$ 可表示如下：

$$F(s_x) = \begin{cases} 0, & s_x < s_0 \\ \sum_{i=0}^{0} p^{(i)}, & s_0 \leqslant s_x < s_1 \\ \sum_{i=0}^{1} p^{(i)}, & s_1 \leqslant s_x < s_2 \\ \sum_{i=0}^{2} p^{(i)}, & s_2 \leqslant s_x < s_3 \\ \vdots & \vdots \\ 1, & s_x \geqslant s_{2T} \end{cases} \tag{4-2}$$

将概率语言术语集 $L(p)$ 转化为累积分布函数 $F(s_x)$ 后，得到的语言项转换之后对应的累积分布函数 $F(f^*(s_x))$ 如下：

$$F(f^*(s_x))=\begin{cases}0, & f^*(s_x)<f^*(s_0)\\ \sum_{i=0}^{0}p^{(i)}, & f^*(s_0)\leqslant f^*(s_x)<f^*(s_1)\\ \sum_{i=0}^{1}p^{(i)}, & f^*(s_1)\leqslant f^*(s_x)<f^*(s_2)\\ \sum_{i=0}^{2}p^{(i)}, & f^*(s_2)\leqslant f^*(s_x)<f^*(s_3)\\ \vdots & \vdots\\ 1, & f^*(s_x)\geqslant f^*(s_{2T})\end{cases} \tag{4-3}$$

其中，$f^*(s_x)$ 为根据语言转换函数得到的数值。

定义 4-1 设 $L_1(p)$ 和 $L_2(p)$ 为两个概率语言术语集，按照上述方式对 $L_1(p)$ 和 $L_2(p)$ 进行转化，得到对应的累积分布函数 $F_1(s_x)$ 和 $F_2(s_x)$，则概率语言随机占优准则的定义如下。

(1) 一阶随机占优（FSD）：当且仅当 $F_1(f^*(s_x))\neq F_2(f^*(s_x))$，且 $H_1(f^*(s_x))=\sum_{i=0}^{x}p_1^{(i)}-\sum_{i=0}^{x}p_2^{(i)}\leqslant 0,\forall s_x\in S$ 时，$F_1(s_x)$ 一阶随机占优于 $F_2(s_x)$，表述为 $F_1(s_x)FSDF_2(s_x)$ 或者 $F_1(s_x)SD_1F_2(s_x)$。

(2) 二阶随机占优（SSD）：当且仅当 $F_1(f^*(s_x))\neq F_2(f^*(s_x))$，且

$$H_2(f^*(s_x))=\begin{cases}\sum_{i=1}^{x}(p_1^{(i-1)}-p_2^{(i-1)})(f^*(s_i)-f^*(s_{i-1}))\leqslant 0, & x=1,2,\cdots,2T\\ 0, & x=0\end{cases},$$

$\forall s_x\in S$ 时，$F_1(s_x)$ 二阶随机占优于 $F_2(s_x)$，表述为 $F_1(s_x)SSDF_2(s_x)$ 或者 $F_1(s_x)SD_2F_2(s_x)$。

(3) 三阶随机占优（TSD）：当且仅当 $F_1(f^*(s_x))\neq F_2(f^*(s_x))$，且 $H_3(f^*(s_x))$

$$=\begin{cases}\sum_{i=1}^{x}\left(\sum_{j=1}^{i}(p_1^{(j-1)}-p_2^{(j-1)})(f^*(s_j)-f^*(s_{j-1}))\right)(f^*(s_i)-f^*(s_{i-1}))\leqslant 0, & x=1,2,\cdots,2T\\ 0, & x=0\end{cases},$$

$\forall s_x \in S$ 时，$F_1(s_x)$ 三阶随机占优于 $F_2(s_x)$，表述为 $F_1(s_x)TSDF_2(s_x)$ 或者 $F_1(s_x)SD_3F_2(s_x)$。

定理4-1　若 $p_1^{(i)} \leqslant p_2^{(i)}$ $(i=0, 1, 2, \cdots, 2T)$，则 $F_1(s_x)SD_1F_2(s_x)$。

证明：由 $p_1^{(i)} \leqslant p_2^{(i)}$ $(i=0, 1, 2, \cdots, 2T)$ 可知：

$p_1^{(0)} \leqslant p_2^{(0)}$，$p_1^{(1)} \leqslant p_2^{(1)}$，$p_1^{(2)} \leqslant p_2^{(2)}$，$\cdots$，$p_1^{(2T)} \leqslant p_2^{(2T)}$，则

$\sum_{i=0}^{x} p_1^{(i)} \leqslant \sum_{i=0}^{x} p_2^{(i)}$ $(x=0, 1, 2, \cdots, 2T)$，即 $\sum_{i=0}^{x} p_1^{(i)} - \sum_{i=0}^{x} p_2^{(i)} \leqslant 0$。

则 $F_1(s_x)$ 一阶随机占优于 $F_2(s_x)$，记为 $F_1(s_x)SD_1F_2(s_x)$。

性质4-1　若 $F_1(s_x)$、$F_2(s_x)$ 和 $F_3(s_x)$ 分别为 $L_1(p)$、$L_2(p)$ 和 $L_3(p)$ 转化后的累积概率分布函数，则概率语言随机占优准则的性质可表述如下：

（1）若 $F_1(s_x)SD_1F_2(s_x)$，则 $F_1(s_x)SD_2F_2(s_x)$；若 $F_1(s_x)SD_2F_2(s_x)$，则 $F_1(s_x)SD_3F_2(s_x)$。

（2）若 $F_1(s_x)SD_iF_2(s_x)(i=1,2,3)$，则 $F_2(s_x)SD_rF_1(s_x)(r=1,2,3)$ 均不成立。

（3）若 $F_1(s_x)SD_iF_2(s_x)(i=1,2,3)$，$F_2(s_x)SD_jF_3(s_x)(j=1,2,3)$，则 $F_1(s_x)SD_rF_3(s_x)(r=\max\{i, j\})$。

证明：首先证明性质（1）成立。

若 $F_1(s_x)$ 一阶随机占优于 $F_2(s_x)$，则 $H_1(f^*(s_x)) = \sum_{i=0}^{x} p_1^{(i)} - \sum_{i=0}^{x} p_2^{(i)} \leqslant 0$ 恒成立，则 $\sum_{i=1}^{x} (p_1^{(i-1)} - p_2^{(i-1)})(f^*(s_i) - f^*(s_{i-1})) \leqslant 0$ 在区间 $[f^*(s_0), f^*(s_{2T})]$ 上恒成立，即 $F_1(s_x)$ 二阶随机占优于 $F_2(s_x)$。同理，可证明若 $F_1(s_x)$ 二阶随机占优于 $F_2(s_x)$，则 $F_1(s_x)$ 三阶随机占优于 $F_2(s_x)$。

然后证明性质（2）成立。先考虑 $F_1(s_x)SD_1F_2(s_x)$ 的情况，若 $F_1(s_x)SD_1F_2(s_x)$，则 $H_1(f^*(s_x)) = \sum_{i=0}^{x} p_1^{(i)} - \sum_{i=0}^{x} p_2^{(i)} \leqslant 0$ 恒成立，因此不存在 $\sum_{i=0}^{x} p_1^{(i)} - \sum_{i=0}^{x} p_2^{(i)} > 0$ 的情况，更不存在 $H_2(f^*(s_x)) > 0$ 以及 $H_3(f^*(s_x)) > 0$ 的情况，即 $F_2(s_x)SD_1F_1(s_x)$、$F_2(s_x)SD_2F_1(s_x)$ 以及 $F_2(s_x)SD_3F_1(s_x)$ 均不成立。同理，可证明类似的其他情况。

最后证明性质（3）成立。若 $F_1(s_x)SD_1F_2(s_x)$，$F_2(s_x)SD_1F_3(s_x)$，则 $\sum_{i=0}^{x}p_1^{(i)}-\sum_{i=0}^{x}p_2^{(i)}\leqslant 0$ 以及 $\sum_{i=0}^{x}p_2^{(i)}-\sum_{i=0}^{x}p_3^{(i)}\leqslant 0$ 恒成立，则 $\sum_{i=0}^{x}p_1^{(i)}-\sum_{i=0}^{x}p_3^{(i)}\leqslant 0$ 成立，即 $F_1(s_x)SD_1F_3(s_x)$。同时，可知 $F_1(s_x)SD_2F_3(s_x)$，$F_1(s_x)SD_3F_3(s_x)$，同理，可以证明二阶及三阶占优传递性。若 $F_1(s_x)SD_iF_2(s_x)(i=1,2,3)$，$F_2(s_x)SD_jF_3(s_x)(j=1,2,3)$ 成立，同时 $j>i$ 成立，由性质（1）及占优传递性可知，$F_1(s_x)SD_rF_3(s_x)(r=\max\{i,j\})$。证明完毕。

4.1.2 概率语言随机占优度

利用概率语言随机占优准则可以得到两个概率语言术语集之间的随机占优关系，但无法得到这两个概率语言术语集之间的随机占优度。下面将根据定义4-1中的概率语言随机占优准则，定义概率语言随机占优度，并给出其性质。

定义4-2 若 $F_1(s_x)SD_iF_2(s_x)(i=1,2,3)$，则 $F_1(s_x)SD_iF_2(s_x)$ 的随机占优度定义表述如下。

（1）一阶随机占优度为 $\psi_1(F_1(s_x)SD_1F_2(s_x))$，定义如下：

$$\psi_1(F_1(s_x)SD_1F_2(s_x))=\frac{-\sum_{i=0}^{2T-1}\left(\sum_{j=0}^{i}p_1^{(j)}-\sum_{j=0}^{i}p_2^{(j)}\right)(f^*(s_{i+1})-f^*(s_i))}{\sum_{i=0}^{2T-1}p_2^{(i)}(f^*(s_{2T})-f^*(s_i))} \tag{4-4}$$

（2）二阶随机占优度为 $\psi_2(F_1(s_x)SD_2F_2(s_x))$，定义如下：

$$\psi_2(F_1(s_x)SD_2F_2(s_x))=\frac{\psi_2^n}{\sum_{i=0}^{2T-1}\left(\sum_{j=0}^{i}p_2^{(j)}\right)(f^*(s_{i+1})-f^*(s_i))^2} \tag{4-5}$$

其中，

$$\psi_2^n=-\sum_{k=2}^{2T}\left(\sum_{i=2}^{k}\left(\sum_{j=1}^{i-1}(p_1^{(j-1)}-p_2^{(j-1)})(f^*(s_j)-f^*(s_{j-1}))\right)(f^*(s_i)-f^*(s_{i-1}))\right)(f^*(s_k)-f^*(s_{k-1}))$$

（3）三阶随机占优度为 $\psi_3(F_1(s_x)SD_3F_2(s_x))$，定义如下：

$$\psi_3(F_1(s_x)SD_3F_2(s_x)) = \frac{-\sum_{j=1}^{2T} GH(f^*(s_{2T}) - f^*(s_{j-1}))}{\sum_{j=1}^{2T} G(f^*(s_{2T}) - f^*(s_{j-1}))} \tag{4-6}$$

其中，

$$G = \left(\sum_{k=1}^{j-1}\left(\sum_{i=1}^{k} p_2^{(i-1)}\right)(f^*(s_k) - f^*(s_{k-1}))\right)(f^*(s_j) - f^*(s_{j-1})) + \frac{\sum_{i=1}^{j} p_2^{(i-1)}}{2}((f^*(s_j))^2 - (f^*(s_{j-1}))^2) - \left(\sum_{i=1}^{j} p_2^{(i-1)}\right)f^*(s_{j-1})(f^*(s_j) - f^*(s_{j-1}))$$

$$GH = \left(\sum_{k=1}^{j-1} H_3(j)(f^*(s_k) - f^*(s_{k-1}))\right)(f^*(s_j) - f^*(s_{j-1})) + \frac{H_3(j)}{2}((f^*(s_j))^2 - (f^*(s_{j-1}))^2) - H_3(j)f^*(s_{j-1})(f^*(s_j) - f^*(s_{j-1}))$$

$$H_3(j) = \sum_{m=1}^{j}\left(\left(\sum_{n=1}^{m}(p_1^{(n-1)} - p_2^{(n-1)})\right)(f^*(s_n) - f^*(s_{n-1}))\right)(f^*(s_m) - f^*(s_{m-1}))$$

性质 4-2　$0 \leqslant \psi_i(F_1(s_x)SD_iF_2(s_x)) \leqslant 1(i = 1,2,3)$。

证明：$F_1(s_x)SD_1F_2(s_x)$ 是指累积分布函数曲线 $F_1(s_x)$ 完全位于曲线 $F_2(s_x)$ 下方，并且曲线 $F_1(s_x)$ 与 $F_2(s_x)$ 无任何交点，很明显，曲线 $F_1(s_x)$ 与横轴围成的面积小于曲线 $F_2(s_x)$ 与横轴围成的面积。而 $F_1(s_x)SD_1F_2(s_x)$ 的随机占优度 $\psi_1(F_1(s_x)SD_1F_2(s_x))$ 的意义是曲线 $F_1(s_x)$ 和横轴围成的面积与曲线 $F_2(s_x)$ 和横轴围成的面积的比值，则 $0 \leqslant \psi_1(F_1(s_x)SD_1F_2(s_x)) \leqslant 1$。同理可知，$0 \leqslant \psi_2(F_1(s_x)SD_2F_2(s_x)) \leqslant 1$，$0 \leqslant \psi_3(F_1(s_x)SD_3F_2(s_x)) \leqslant 1$。

值得注意的是，只能先判断两个概率语言术语集之间的占优关系，再计算概率语言随机占优度，即只有在两个概率语言术语集之间存在占优关系时，才可利用定义 4-2 的概率语言随机占优度，否则计算得到的随机占优度无意义。

4.2 基于随机占优度的概率语言 PROMETHEE 方法

基于定义 4－2 中的概率语言随机占优度，本节提出基于随机占优度的概率语言 PROMETHEE 方法，并用案例验证其可行性。

4.2.1 权重已知的概率语言随机多准则决策问题描述

在权重已知的概率语言随机多准则决策问题中，通常存在 m 个备选方案，方案集可以用 $A=\{a_1,a_2,\cdots,a_m\}$ 来表示，决策者使用语言术语集 $S=\{s_0,s_1,\cdots,s_{2T}\}$ 对方案 a_i 进行评价。在评价过程中，决策者从 n 个不同的方面对方案进行评价，评价所需的准则集可用 $C=\{c_1,c_2,\cdots,c_n\}$ 来表示。为了降低复杂性，假设每个决策者在准则 c_j 下对方案 a_i 进行评价时只使用一个语言评价值，收集并统计方案 a_i 在准则 c_j 下的语言评价值，则决策者的数目即是每个方案在每个准则下的语言评价值的数目 N_S。同时，统计方案 a_i 在准则 c_j 下的语言评价值 $s_{\theta(k)}$ 的数目 $N_{s_{\theta(k)}}$，则通过计算 $N_{s_{\theta(k)}}/N_S$，可得到与 $s_{\theta(k)}$ 对应的 p^k 的值。通过这样的方式，可以用概率语言术语集 $L_{ij}(p)=\{s_{ij}^{k_{ij}}(p_{ij}^{k_{ij}})\}(p_{ij}^{k_{ij}}>0;k_{ij}=1,2,\cdots,\#L_{ij}(p);\sum_{k_{ij}=1}^{\#L_{ij}(p)}p_{ij}^{k_{ij}}=1)$ 描述决策者在准则 c_j 下对方案 a_i 的评价值。若方案 a_i 在准则 c_j 下的随机语言评价值用 $(s_x)_{ij}$ 表示，则得到的概率语言术语集可转化为 $(s_x)_{ij}$ 的概率分布。准则 c_j 的权重为 w_j，且每个准则的权重之和为 1，即 $w_1+w_2+\cdots+w_n=1$。

4.2.2 基于随机占优度的概率语言 PROMETHEE 方法的步骤

针对 4.2.1 小节提出的问题，基于定义 4－2，本小节提出了基于随机占优度的概率语言 PROMETHEE 方法，具体步骤如图 4－1 所示，随后给出了详细说明。

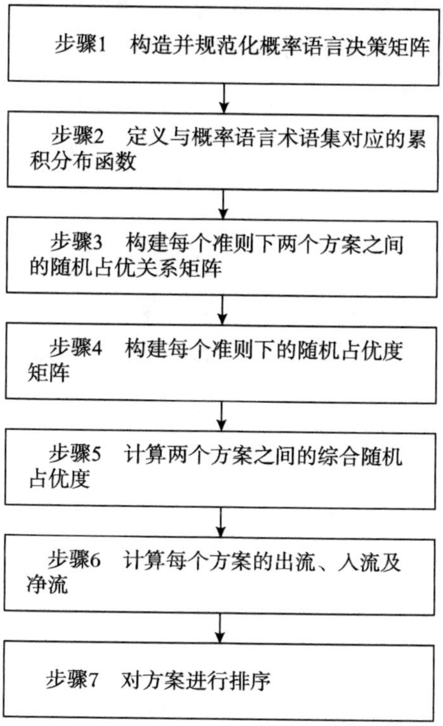

图 4－1 基于随机占优度的概率语言 PROMETHEE 方法的步骤

步骤 1 构造并规范化概率语言决策矩阵。

与 3.2.2 小节步骤 1 中的规范化方法相同。

步骤 2 定义与概率语言术语集对应的累积分布函数。

利用 4.1.1 小节中描述的转换方法，根据概率语言评价信息 $L_{ij}^{N}(p)$，可得到与其对应的累积分布函数：

$$F_{ij}(s_x) = \begin{cases} 0, & s_x < s_{ij}^1 \\ p_{ij}^1, & s_{ij}^1 \leqslant s_x < s_{ij}^2 \\ p_{ij}^1 + p_{ij}^2, & s_{ij}^2 \leqslant s_x < s_{ij}^3 \\ p_{ij}^1 + p_{ij}^2 + p_{ij}^3, & s_{ij}^3 \leqslant s_x < s_{ij}^4 \\ \vdots & \vdots \\ 1, & s_x \geqslant s_{ij}^{2T} \end{cases} \tag{4-7}$$

步骤 3 构建每个准则下两个方案之间的随机占优关系矩阵。

根据步骤 2 得到相应的累积分布函数后，依据定义 4－1 判断两个方案之间的随机占优关系，并将这一随机占优关系记作 rsd_{ilj}，rsd_{ilj}表示如下：

$$rsd_{ilj} = \begin{cases} SD_h, & F_{ij}(s_x) SD_h F_{lj}(s_x), h = 1,2,3 \\ \varphi, & \text{其他} \end{cases} \tag{4-8}$$

其中，$rsd_{ilj} = \varphi$ 表示方案 a_i 和方案 a_l 在准则 c_j 下不存在随机占优关系。

根据随机占优关系 rsd_{ilj}，可以得到准则 c_j 下方案的随机占优关系矩阵 $\boldsymbol{RSD}_j = [rsd_{ilj}]_{m \times m}$，则每个准则下方案的随机占优关系矩阵均可得到。

步骤 4 构建每个准则下的随机占优度矩阵。

根据 rsd_{ilj} 与定义 4－2，计算准则 c_j 下方案 a_i 和方案 a_l 之间的随机占优度 q_{ilj}，q_{ilj} 的计算公式为：

$$q_{ilj} = \begin{cases} \psi(F_{ij}(s_x) SD_h F_{lj}(s_x)), & rsd_{ilj} = SD_h, h = 1,2,3 \\ 0, & rsd_{ilj} = \varphi \end{cases} \tag{4-9}$$

基于随机占优度，可构建准则 c_j 下的随机占优度矩阵 $\boldsymbol{Q}_j = [q_{ilj}]_{m\times m}$，进而得到每个准则下的随机占优度矩阵。

步骤 5 计算两个方案之间的综合随机占优度。

考虑准则的权重信息 $\boldsymbol{W} = (w_1, w_2, \cdots, w_n)$，对准则 c_j 的权重 w_j 与准则 c_j 下的随机占优度矩阵 $\boldsymbol{Q}_j = [q_{ilj}]_{m \times m}$进行集结，可得到两个方案之间的综合随机占优度 ϕ_{il}，则 ϕ_{il}的计算公式表示如下：

$$\phi_{il} = \sum_{j=1}^{n} w_j q_{ilj} \tag{4-10}$$

步骤 6 计算每个方案的出流、入流及净流。

根据步骤 5 中得到的综合随机占优度，计算方案 a_i 的出流与入流，其计算公式分别如下：

$$\Phi_i^+ = \sum_{l=1, l\neq i}^{m} \phi_{il} \tag{4-11}$$

$$\Phi_i^- = \sum_{l=1, l\neq i}^{m} \phi_{li} \tag{4-12}$$

在此基础上，可得到方案 a_i 的净流 Φ_i，其计算公式如下：

$$\Phi_i = \Phi_i^+ - \Phi_i^- \tag{4-13}$$

步骤 7　对方案进行排序。

比较 Φ_i 的大小，对所有备选方案进行排序，Φ_i 越大，方案 a_i 越优，依此便可得到所有方案的完全排序。

4.3　基于 SMAA 和随机占优度的概率语言多准则决策方法

本节针对权重信息未知的概率语言多准则决策问题，提出基于 SMAA 和随机占优度的概率语言多准则决策方法。

4.3.1　权重未知的概率语言随机多准则决策问题描述

在权重未知的概率语言随机多准则决策问题中，通常存在 m 个备选方案，方案集可以用 $A = \{a_1, a_2, \cdots, a_m\}$ 来表示，决策者使用语言术语集 $S = \{s_0, s_1, \cdots, s_{2T}\}$ 对方案 a_i 进行评价。在评价过程中，决策者从 n 个不同的方面对方案进行评价，评价所需的准则集可用 $C = \{c_1, c_2, \cdots, c_n\}$ 来表示。为了降低复杂性，假设每个决策者在准则 c_j 下对方案 a_i 进行评价时只使用一个语言评价值，收集并统计方案 a_i 在准则 c_j 下的语言评价值，则决策者的数目即是每个方案在每个准则下的语言评价值的数目 N_S。同时，统计方案 a_i 在准则 c_j 下的语言评价值 $s_{\theta(k)}$ 的数目 $N_{s_{\theta(k)}}$，则通过计算 $N_{s_{\theta(k)}}/N_S$，可得到与 $s_{\theta(k)}$ 对应的 p^k 的值。通过这样的方式，可用概率语言术语集 $L_{ij}(p) = \{s_{ij}^{k_{ij}}(p_{ij}^{k_{ij}})\}(p_{ij}^{k_{ij}} > 0;\ k_{ij} = 1, 2, \cdots, \#L_{ij}(p);\ \sum_{k_{ij}=1}^{\#L_{ij}(p)} p_{ij}^{k_{ij}} = 1)$ 描述决策者在准则 c_j 下对方案 a_i 的评价值。若方案 a_i 在准则 c_j 下的随机语言评价值用 $(s_x)_{ij}$ 表示，则得到的概率语言术语集可转化为 $(s_x)_{ij}$ 的概率分布。准则 c_j 的权重为 w_j，但各个准则的权重是未知的，$0 \leqslant w_j \leqslant 1$，且各准则的权重之和为 1，即 $w_1 + w_2 + \cdots + w_n = 1$。

4.3.2 基于 SMAA 和随机占优度的概率语言多准则决策方法的步骤

针对 4.3.1 小节中描述的问题，基于 SMAA 和随机占优度的概率语言多准则决策方法的步骤如图 4－2 所示，随后进行了详细说明。

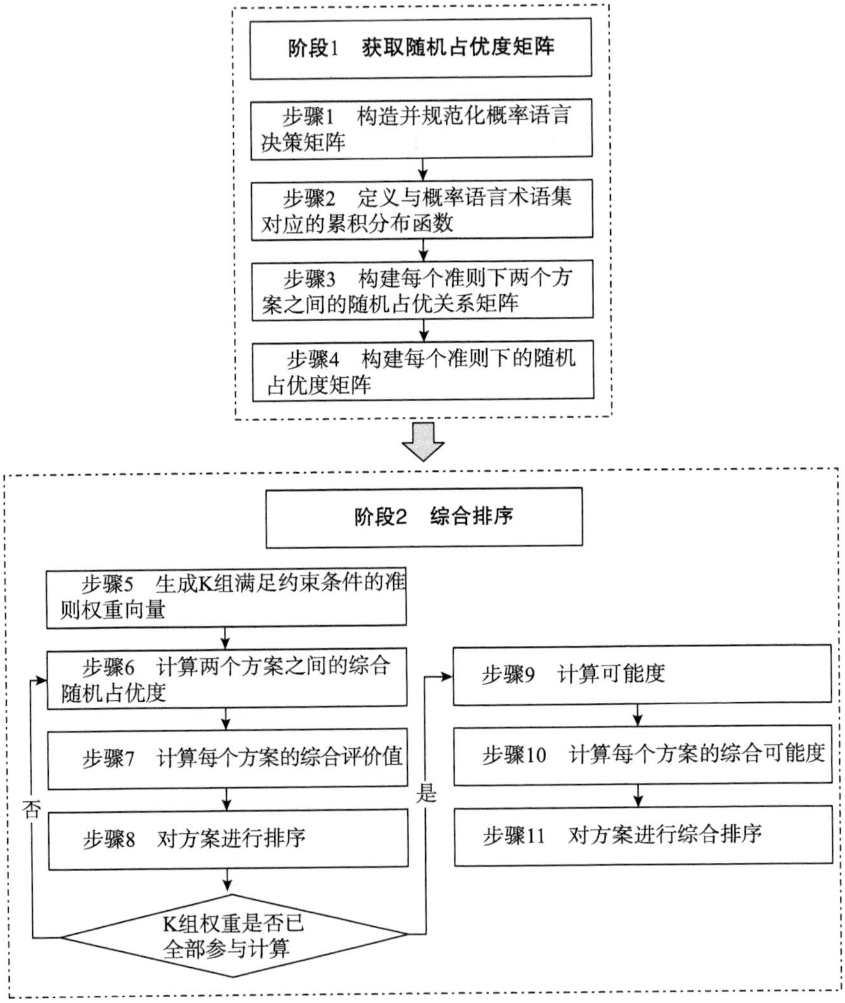

图 4－2 基于 SMAA 和随机占优度的概率语言多准则决策方法的步骤

阶段 1 获取随机占优度矩阵

步骤 1 构造并规范化概率语言决策矩阵。

与3.2.2小节步骤1中的规范化方法相同。

步骤2 定义与概率语言术语集对应的累积分布函数。

利用4.1.1小节中描述的转换方法，根据概率语言评价信息 $L_{ij}^{N}(p)$，可得到与其对应的累积分布函数：

$$F_{ij}(s_x)=\begin{cases}0, & s_x < s_{ij}^1\\ p_{ij}^1, & s_{ij}^1 \leqslant s_x < s_{ij}^2\\ p_{ij}^1+p_{ij}^2, & s_{ij}^2 \leqslant s_x < s_{ij}^3\\ p_{ij}^1+p_{ij}^2+p_{ij}^3, & s_{ij}^3 \leqslant s_x < s_{ij}^4\\ \vdots & \vdots\\ 1, & s_x \geqslant s_{ij}^{2T}\end{cases} \tag{4-14}$$

步骤3 构建每个准则下两个方案之间的随机占优关系矩阵。

根据步骤2得到相应的累积分布函数后，依据定义4-1判断两个方案之间的随机占优关系，并将这一随机占优关系记作 rsd_{ilj}，随机占优关系矩阵 $\boldsymbol{RSD}_j=[rsd_{ilj}]_{m\times m}$，$rsd_{ilj}$表示如下：

$$rsd_{ilj}=\begin{cases}SD_h, & F_{ij}(s_x)SD_hF_{lj}(s_x),h=1,2,3\\ \varphi, & \text{其他}\end{cases} \tag{4-15}$$

其中，$rsd_{ilj}=\varphi$ 表示方案 a_i 和方案 a_l 在准则 c_j 下不存在随机占优关系。

步骤4 构建每个准则下的随机占优度矩阵。

根据 rsd_{ilj}与定义4-2，计算准则 c_j 下方案 a_i 和方案 a_l 之间的随机占优度 q_{ilj}，q_{ilj}的计算公式为：

$$q_{ilj}=\begin{cases}\psi_h(F_{ij}(s_x)SD_hF_{lj}(s_x)), & rsd_{ilj}=SD_h,h=1,2,3\\ 0, & rsd_{ilj}=\varphi\end{cases} \tag{4-16}$$

基于随机占优度，可构建准则 c_j 下的随机占优度矩阵 $\boldsymbol{Q}_j=[q_{ilj}]_{m\times m}$，进而得到每个准则下的随机占优度矩阵。

阶段 2　综合排序

步骤 5　生成 K 组满足约束条件的准则权重向量。

根据准则权重需满足 $0 \leqslant w_j \leqslant 1$ 这一条件，在［0，1］区间内取 K 组满足约束条件的随机数作为准则权重 w_j。其中，在第 k 组中，准则 c_j 的权重为 w_j^k。

步骤 6　计算两个方案之间的综合随机占优度。

考虑一组准则的权重信息 $\boldsymbol{W}^k = (w_1^k, w_2^k, \cdots, w_n^k)$，集结权重 w_j^k 与准则 c_j 下的随机占优度矩阵 $\boldsymbol{Q}_j = [q_{ilj}]_{m \times m}$，可得到两个方案之间的综合随机占优度 ϕ_{il}^k，其计算公式如下：

$$\phi_{il}^k = \sum_{j=1}^{n} w_j^k q_{ilj}, k = 1,2,\cdots,K \tag{4-17}$$

步骤 7　计算每个方案的综合评价值。

借鉴 TODIM 方法中计算备选方案综合评价值的思想，每个方案的综合评价值的计算公式如下：

$$Z_i^k = \frac{\sum_{l=1}^{m} \phi_{il}^k - \min_i \sum_{l=1}^{m} \phi_{il}^k}{\max_i \sum_{l=1}^{m} \phi_{il}^k - \min_i \sum_{l=1}^{m} \phi_{il}^k}, \quad k = 1,2,\cdots,K \tag{4-18}$$

步骤 8　对方案进行排序。

根据步骤 7 的结果对方案进行一次排序，若此时参与计算的为第 K 组权重，则进入步骤 9，否则循环步骤 5 ~ 步骤 8。

步骤 9　计算可能度 ∂_i^r。

取任意一组权重计算方案中的综合评价值均可得到方案的完全排序，K 组准则权重运算完毕后，产生 K 组方案的完全排序，统计方案 a_i 排在第 r 位的次数并用 M_i^r 表示。然后，根据 M_i^r 计算可能度 ∂_i^r，这里的可能度指的是方案 a_i 排在第 r 位的可能性大小，也可理解为方案 a_i 排在第 r 位的概率，即

$$\partial_i^r = \frac{M_i^r}{K} \tag{4-19}$$

其中，i，$r = 1$，2，$\cdots$，m。

步骤 10　计算每个方案的综合可能度 ∂_i^C。

根据上述步骤得到的可能度矩阵计算方案的综合可能度时，涉及位置权重

α_r 的问题，可认为是一个二次多准则决策问题。一般来说，位置越靠前，位置权重越大，随着位置的后移，位置权重 α_r 越来越小。可采用线性权重和逆向权重计算 α_r，也可根据实际需要为位置权重 α_r 赋值。随后，可采用如下计算公式计算每个方案的综合可能度∂_i^C：

$$\partial_i^C = \sum_{r=1}^{m} \alpha_r \partial_i^r \tag{4-20}$$

步骤 11　对方案进行综合排序。

根据综合可能度∂_i^C对方案进行排序，∂_i^C越大，方案 a_i 越优，依此便可得到所有方案的完全序。

4.4　案例分析

根据本章开头描述的概率语言随机多准则决策问题的特征，在 3.4.1 小节的案例背景下寻找合适的案例。某旅行者在选择某热门景点周围的酒店时，按照偏好在 Tripadvisor 网站上进行筛选后，选出 5 家令其较为满意的酒店作为备选酒店，这 5 家酒店用 $A = \{a_1, a_2, a_3, a_4, a_5\}$ 来表示。参考以往住客对这些酒店的评价信息，发现其主要考虑 6 个因素：c_1，睡眠质量；c_2，位置；c_3，舒适度；c_4，服务；c_5，性价比；c_6，卫生。语言术语集为 $S = \{s_0, s_1, s_2, s_3, s_4\}$，收集网站中每家酒店在每个准则下的语言评价值，统计得到每个语言术语元素 s_t 的个数，可得到每家酒店在每个准则下的概率语言评价信息。随后，即可在权重已知和权重未知的情况下分别做出相应的决策。

4.4.1　决策过程

1. 基于随机占优度的概率语言 PROMETHEE 方法的决策过程

当准则的权重已知，即 $w = (0.1759, 0.3909, 0.079, 0.0458, 0.1466, 0.1618)$ 时，汇总各家酒店在各个准则下的评价信息，见表 4－1。

表 4－1　每家酒店在各个准则下的概率语言评价信息

酒店	睡眠质量 c_1	位置 c_2
a_1	$\{s_0(0.0021), s_1(0.0053), s_2(0.0056), s_3(0.145), s_4(0.842)\}$	$\{s_0(0.0082), s_1(0.0093), s_2(0.0135), s_3(0.1974), s_4(0.7716)\}$
a_2	$\{s_2(0.025), s_3(0.125), s_4(0.85)\}$	$\{s_0(0.0088), s_1(0.0117), s_2(0.0252), s_3(0.1693), s_4(0.785)\}$
a_3	$\{s_0(0.0035), s_2(0.0295), s_3(0.147), s_4(0.82)\}$	$\{s_0(0.0085), s_1(0.0103), s_2(0.0245), s_3(0.1728), s_4(0.7839)\}$
a_4	$\{s_1(0.012), s_2(0.0508), s_3(0.0985), s_4(0.8387)\}$	$\{s_0(0.0075), s_1(0.0089), s_2(0.0116), s_3(0.187), s_4(0.785)\}$
a_5	$\{s_0(0.0041), s_1(0.0064), s_2(0.056), s_3(0.098), s_4(0.8355)\}$	$\{s_0(0.0078), s_1(0.0088), s_2(0.0145), s_3(0.1974), s_4(0.7715)\}$
酒店	舒适度 c_3	服务 c_4
a_1	$\{s_0(0.0021), s_1(0.0078), s_2(0.0325), s_3(0.136), s_4(0.8216)\}$	$\{s_2(0.0145), s_3(0.0855), s_4(0.9)\}$
a_2	$\{s_0(0.0018), s_1(0.0058), s_2(0.0225), s_3(0.118), s_4(0.8519)\}$	$\{s_0(0.0022), s_1(0.0127), s_2(0.0087), s_3(0.1915), s_4(0.7849)\}$
a_3	$\{s_0(0.002), s_1(0.0065), s_2(0.0218), s_3(0.1345), s_4(0.8352)\}$	$\{s_1(0.0024), s_2(0.0136), s_3(0.1854), s_4(0.7986)\}$
a_4	$\{s_0(0.0028), s_1(0.0085), s_2(0.0462), s_3(0.1153), s_4(0.8272)\}$	$\{s_0(0.0028), s_2(0.0132), s_3(0.2313), s_4(0.7527)\}$
a_5	$\{s_0(0.0024), s_1(0.0061), s_2(0.0262), s_3(0.1378), s_4(0.8275)\}$	$\{s_1(0.0071), s_2(0.0158), s_3(0.1618), s_4(0.8153)\}$

续表

酒店	性价比 c_5	卫生 c_6
a_1	$\{s_0(0.0078), s_1(0.0093), s_2(0.0148), s_3(0.1402), s_4(0.8279)\}$	$\{s_0(0.0031), s_1(0.0235), s_3(0.1834), s_4(0.79)\}$
a_2	$\{s_1(0.0165), s_2(0.0355), s_3(0.2185), s_4(0.7295)\}$	$\{s_0(0.0027), s_1(0.0084), s_2(0.0208), s_3(0.1364), s_4(0.8317)\}$
a_3	$\{s_1(0.0243), s_2(0.0118), s_3(0.0952), s_4(0.8687)\}$	$\{s_1(0.0065), s_2(0.0185), s_3(0.1392), s_4(0.8358)\}$
a_4	$\{s_0(0.0068), s_1(0.035), s_2(0.0685), s_3(0.0875), s_4(0.8022)\}$	$\{s_0(0.0069), s_1(0.0075), s_2(0.0178), s_3(0.1143), s_4(0.8535)\}$
a_5	$\{s_3(0.1723), s_4(0.8277)\}$	$\{s_0(0.0038), s_1(0.0316), s_2(0.0114), s_3(0.1674), s_4(0.7858)\}$

采用 4.2.2 小节提出的方法进行决策时，语言转换函数取 $f_1(s_x)$，则决策过程如下。

步骤 1 构造并规范化概率语言决策矩阵。

在本案例中，所有准则均为效益型准则，根据准则 c_j 下酒店 a_i 的概率语言评价信息 $L_{ij}(p) = \{s_{ij}^{k_{ij}}(p_{ij}^{k_{ij}})\}$，构造得到的概率语言决策矩阵即为规范化后的概率语言决策矩阵 $\boldsymbol{R}$，$\boldsymbol{R} = [L_{ij}(p)]_{5\times 6} = [R_1, R_2, R_3, R_4, R_5, R_6] =$

$$
\left[\begin{array}{lll}
\begin{array}{l}\{s_0(0.0021), s_1(0.0053), s_2(0.0056),\\ s_3(0.145), s_4(0.842)\}\end{array} & \begin{array}{l}\{s_0(0.0082), s_1(0.0093), s_2(0.0135),\\ s_3(0.1974), s_4(0.7716)\}\end{array} & \begin{array}{l}\{s_0(0.0021), s_1(0.0078), s_2(0.0325),\\ s_3(0.136), s_4(0.8216)\}\end{array} \\
\{s_2(0.025), s_3(0.125), s_4(0.85)\} & \begin{array}{l}\{s_0(0.0088), s_1(0.0117), s_2(0.0252),\\ s_3(0.1693), s_4(0.785)\}\end{array} & \begin{array}{l}\{s_0(0.0018), s_1(0.0058), s_2(0.0225),\\ s_3(0.118), s_4(0.8519)\}\end{array} \\
\begin{array}{l}\{s_0(0.0035), s_2(0.0295), s_3(0.147),\\ s_4(0.82)\}\end{array} & \begin{array}{l}\{s_0(0.0085), s_1(0.0103), s_2(0.0245),\\ s_3(0.1728), s_4(0.7839)\}\end{array} & \begin{array}{l}\{s_0(0.002), s_1(0.0065), s_2(0.0218),\\ s_3(0.1345), s_4(0.8352)\}\end{array} \\
\begin{array}{l}\{s_1(0.012), s_2(0.0508), s_3(0.0985),\\ s_4(0.8387)\}\end{array} & \begin{array}{l}\{s_0(0.0075), s_1(0.0089), s_2(0.0116),\\ s_3(0.187), s_4(0.785)\}\end{array} & \begin{array}{l}\{s_0(0.0028), s_1(0.0085), s_2(0.0462),\\ s_3(0.1153), s_4(0.8272)\}\end{array} \\
\begin{array}{l}\{s_0(0.0041), s_1(0.0064), s_2(0.056),\\ s_3(0.098), s_4(0.8355)\}\end{array} & \begin{array}{l}\{s_0(0.0078), s_1(0.0088), s_2(0.0145),\\ s_3(0.1974), s_4(0.7715)\}\end{array} & \begin{array}{l}\{s_0(0.0024), s_1(0.0061), s_2(0.0262),\\ s_3(0.1378), s_4(0.8275)\}\end{array}
\end{array}\right.
$$

$$
\left.\begin{array}{lll}
\{s_2(0.0145),s_3(0.0855),s_4(0.9)\} & \{s_0(0.0078),s_1(0.0093),s_2(0.0148),s_3(0.1402),s_4(0.8279)\} & \{s_0(0.0031),s_1(0.0235),s_3(0.1834),s_4(0.79)\} \\
\{s_0(0.0022),s_1(0.0127),s_2(0.0087),s_3(0.1915),s_4(0.7849)\} & \{s_1(0.0165),s_2(0.0355),s_3(0.2185),s_4(0.7295)\} & \{s_0(0.0027),s_1(0.0084),s_2(0.0208),s_3(0.1364),s_4(0.8317)\} \\
\{s_1(0.0024),s_2(0.0136),s_3(0.1854),s_4(0.7986)\} & \{s_1(0.0243),s_2(0.0118),s_3(0.0952),s_4(0.8687)\} & \{s_1(0.0065),s_2(0.0185),s_3(0.1392),s_4(0.8358)\} \\
\{s_0(0.0028),s_2(0.0132),s_3(0.2313),s_4(0.7527)\} & \{s_0(0.0068),s_1(0.035),s_2(0.0685),s_3(0.0875),s_4(0.8022)\} & \{s_0(0.0069),s_1(0.0075),s_2(0.0178),s_3(0.1143),s_4(0.8535)\} \\
\{s_1(0.0071),s_2(0.0158),s_3(0.1618),s_4(0.8153)\} & \{s_3(0.1723),s_4(0.8277)\} & \{s_0(0.0038),s_1(0.0316),s_2(0.0114),s_3(0.1674),s_4(0.7858)\}
\end{array}\right]
$$

步骤 2　定义概率语言术语集对应的累积分布函数。

利用公式（4－7）分别得到与概率语言评价信息 $L_{ij}(p)$ 对应的累积分布函数，以 $L_{11}(p)$ 为例说明转换结果。$L_{11}(p)=\{s_0(0.0021),s_1(0.0053),s_2(0.0056),s_3(0.145),s_4(0.842)\}$，则 $F_{11}(s_x)$ 可表示如下：

$$
F_{ij}(s_x)=\begin{cases}
0, & s_x < s_0 \\
0.0021, & s_0 \leqslant s_x < s_1 \\
0.0074, & s_1 \leqslant s_x < s_2 \\
0.013, & s_2 \leqslant s_x < s_3 \\
0.158, & s_3 \leqslant s_x < s_4 \\
1, & s_x \geqslant s_4
\end{cases}
$$

概率语言决策矩阵 $\boldsymbol{R}$ 中其他概率语言术语集的转换结果不再一一表述。

步骤 3　构建每个准则下两家酒店之间的随机占优关系矩阵。

利用定义 4－1 和公式（4－8），得到准则 c_j 下酒店 a_i 和酒店 a_l 之间的随机占优关系 rsd_{ilj}，则在各个准则下酒店的随机占优关系矩阵 $\boldsymbol{RSD}_i$（$i=1,2,3,4,5,6$）可表示如下：

$$RSD_1 = \begin{bmatrix} \varphi & \varphi & \varphi & \varphi & SD_1 \\ SD_3 & \varphi & SD_1 & SD_1 & SD_1 \\ \varphi & \varphi & \varphi & \varphi & SD_2 \\ \varphi & \varphi & \varphi & \varphi & SD_2 \\ \varphi & \varphi & \varphi & \varphi & \varphi \end{bmatrix} \quad RSD_2 = \begin{bmatrix} \varphi & SD_2 & SD_2 & \varphi & \varphi \\ \varphi & \varphi & \varphi & \varphi & \varphi \\ \varphi & SD_2 & \varphi & \varphi & \varphi \\ SD_1 & SD_1 & SD_1 & \varphi & SD_1 \\ SD_2 & SD_2 & SD_2 & \varphi & \varphi \end{bmatrix}$$

$$RSD_3 = \begin{bmatrix} \varphi & \varphi & \varphi & SD_2 & \varphi \\ SD_1 & \varphi & SD_1 & SD_1 & SD_1 \\ SD_1 & \varphi & \varphi & SD_1 & SD_1 \\ \varphi & \varphi & \varphi & \varphi & \varphi \\ \varphi & \varphi & \varphi & SD_1 & \varphi \end{bmatrix} \quad RSD_4 = \begin{bmatrix} \varphi & SD_1 & SD_1 & SD_1 & SD_1 \\ \varphi & \varphi & \varphi & \varphi & \varphi \\ \varphi & SD_1 & \varphi & SD_1 & \varphi \\ \varphi & \varphi & \varphi & \varphi & \varphi \\ \varphi & SD_1 & \varphi & \varphi & \varphi \end{bmatrix}$$

$$RSD_5 = \begin{bmatrix} \varphi & \varphi & \varphi & \varphi & \varphi \\ \varphi & \varphi & \varphi & SD_2 & \varphi \\ SD_3 & \varphi & \varphi & SD_1 & \varphi \\ \varphi & \varphi & \varphi & \varphi & \varphi \\ SD_2 & SD_1 & SD_2 & SD_1 & \varphi \end{bmatrix} \quad RSD_6 = \begin{bmatrix} \varphi & \varphi & \varphi & \varphi & SD_1 \\ SD_2 & \varphi & \varphi & \varphi & SD_1 \\ SD_1 & SD_1 & \varphi & SD_2 & SD_1 \\ \varphi & \varphi & \varphi & \varphi & \varphi \\ \varphi & \varphi & \varphi & \varphi & \varphi \end{bmatrix}$$

步骤 4 构建各个准则下的随机占优度矩阵。

利用公式（4－9）与定义 4－2 计算得到各个准则下的随机占优度矩阵 $\boldsymbol{Q}_j = [q_{ilj}]_{m \times m}(i = 1,2,3,4,5,6)$：

$$\boldsymbol{Q}_1 = \begin{bmatrix} 0 & 0 & 0 & 0 & 0.0523 \\ 0.0013 & 0 & 0.0369 & 0.0494 & 0.0567 \\ 0 & 0 & 0 & 0 & 0.0074 \\ 0 & 0 & 0 & 0 & 0.0027 \\ 0 & 0 & 0 & 0 & 0 \end{bmatrix}$$

$$\boldsymbol{Q}_2 = \begin{bmatrix} 0 & 0.0015 & 0.0006 & 0 & 0 \\ 0 & 0 & 0 & 0 & 0 \\ 0 & 0.0009 & 0 & 0 & 0 \\ 0.0142 & 0.0179 & 0.0154 & 0 & 0.0133 \\ 0.0003 & 0.0018 & 0.0009 & 0 & 0 \end{bmatrix}$$

$$Q_3 = \begin{bmatrix} 0 & 0 & 0 & 0.0034 & 0 \\ 0.0367 & 0 & 0.0149 & 0.0456 & 0.025 \\ 0.0221 & 0 & 0 & 0.0312 & 0.0103 \\ 0 & 0 & 0 & 0 & 0 \\ 0 & 0 & 0 & 0.0211 & 0 \end{bmatrix}$$

$$Q_4 = \begin{bmatrix} 0 & 0.1125 & 0.0863 & 0.1217 & 0.0825 \\ 0 & 0 & 0 & 0 & 0 \\ 0 & 0.0287 & 0 & 0.0387 & 0 \\ 0 & 0 & 0 & 0 & 0 \\ 0 & 0.0327 & 0 & 0 & 0 \end{bmatrix}$$

$$Q_5 = \begin{bmatrix} 0 & 0 & 0 & 0 & 0 \\ 0 & 0 & 0 & 0.0054 & 0 \\ 0.0079 & 0 & 0 & 0.1216 & 0 \\ 0 & 0 & 0 & 0 & 0 \\ 0.0165 & 0.1245 & 0.0063 & 0.1359 & 0 \end{bmatrix}$$

$$Q_6 = \begin{bmatrix} 0 & 0 & 0 & 0 & 0.0261 \\ 0.0143 & 0 & 0 & 0 & 0.0663 \\ 0.0558 & 0.0151 & 0 & 0.0016 & 0.0804 \\ 0 & 0 & 0 & 0 & 0 \\ 0 & 0 & 0 & 0 & 0 \end{bmatrix}$$

步骤 5 计算两家酒店之间的综合随机占优度。

根据已知的权重信息和公式（4－10）计算得到酒店之间的综合随机占优度，见表 4－2。

表 4－2 酒店之间的综合随机占优度

酒店	a_1	a_2	a_3	a_4	a_5
a_1	0	0.0057	0.0042	0.0058	0.0172
a_2	0.0054	0	0.0077	0.0131	0.0227
a_3	0.0119	0.0041	0	0.0223	0.0151
a_4	0.0055	0.007	0.006	0	0.0057
a_5	0.0025	0.0205	0.0013	0.0216	0

步骤 6 计算每家酒店的出流、入流及净流。

利用公式（4 – 11）、公式（4 – 12）和公式（4 – 13）计算得到酒店 a_i 的出流 Φ_i^+、入流 Φ_i^- 与净流 Φ_i，见表 4 – 3。

表 4 – 3 酒店 a_i 的出流 Φ_i^+、入流 Φ_i^- 与净流 Φ_i

酒店	a_1	a_2	a_3	a_4	a_5
Φ_i^+	0.0329	0.0489	0.0535	0.0242	0.0459
Φ_i^-	0.0254	0.0373	0.0191	0.0629	0.0607
Φ_i	0.0075	0.0116	0.0344	−0.0386	−0.0148

步骤 7 对所有备选酒店进行排序。

根据 Φ_i 的值对备选酒店进行排序，可得到 5 家酒店的完全序：$a_3 > a_2 > a_1 > a_5 > a_4$。因此，最优酒店为 a_3。

2. 基于 SMAA 和随机占优度的概率语言多准则决策方法的决策过程

在验证 4.3.2 小节中所提方法的可行性时，基于 3.4.1 小节中的案例背景选取案例。准则的权重未知，且准则 c_i 的权重 w_i 须同时满足以下条件：$w_1 > w_4$，$w_6 > w_4$，$w_2 > w_3$ 及 $0 \leqslant w_4 \leqslant 0.1$。其他条件保持一致，语言转换函数取 $f_1(s_x)$，则决策过程如下。

步骤 1 ~ 步骤 4 最终得到随机占优度矩阵。

因本案例与上一个案例的条件大部分保持一致，所以两案例中步骤 1 ~ 步骤 4 的结果保持一致，可得到随机占优度矩阵 $Q_j = [q_{ilj}]_{m \times m}$：

$$Q_1 = \begin{bmatrix} 0 & 0 & 0 & 0 & 0.0523 \\ 0.0013 & 0 & 0.0369 & 0.0494 & 0.0567 \\ 0 & 0 & 0 & 0 & 0.0074 \\ 0 & 0 & 0 & 0 & 0.0027 \\ 0 & 0 & 0 & 0 & 0 \end{bmatrix}$$

$$Q_2 = \begin{bmatrix} 0 & 0.0015 & 0.0006 & 0 & 0 \\ 0 & 0 & 0 & 0 & 0 \\ 0 & 0.0009 & 0 & 0 & 0 \\ 0.0142 & 0.0179 & 0.0154 & 0 & 0.0133 \\ 0.0003 & 0.0018 & 0.0009 & 0 & 0 \end{bmatrix}$$

$$Q_3 = \begin{bmatrix} 0 & 0 & 0 & 0.0034 & 0 \\ 0.0367 & 0 & 0.0149 & 0.0456 & 0.025 \\ 0.0221 & 0 & 0 & 0.0312 & 0.0103 \\ 0 & 0 & 0 & 0 & 0 \\ 0 & 0 & 0 & 0.0211 & 0 \end{bmatrix}$$

$$Q_4 = \begin{bmatrix} 0 & 0.1125 & 0.0863 & 0.1217 & 0.0825 \\ 0 & 0 & 0 & 0 & 0 \\ 0 & 0.0287 & 0 & 0.0387 & 0 \\ 0 & 0 & 0 & 0 & 0 \\ 0 & 0.0327 & 0 & 0 & 0 \end{bmatrix}$$

$$Q_5 = \begin{bmatrix} 0 & 0 & 0 & 0 & 0 \\ 0 & 0 & 0 & 0.0054 & 0 \\ 0.0079 & 0 & 0 & 0.1216 & 0 \\ 0 & 0 & 0 & 0 & 0 \\ 0.0165 & 0.1245 & 0.0063 & 0.1359 & 0 \end{bmatrix}$$

$$Q_6 = \begin{bmatrix} 0 & 0 & 0 & 0 & 0.0261 \\ 0.0143 & 0 & 0 & 0 & 0.0663 \\ 0.0558 & 0.0151 & 0 & 0.0016 & 0.0804 \\ 0 & 0 & 0 & 0 & 0 \\ 0 & 0 & 0 & 0 & 0 \end{bmatrix}$$

步骤 5　生成 K 组满足约束条件的准则权重向量。

已知准则权重须同时满足以下条件：$w_1 > w_4$，$w_6 > w_4$，$w_2 > w_3$，$0 \leqslant w_4 \leqslant 0.1$，且有 $0 \leqslant w_j \leqslant 1$ 及 $\sum_{j=1}^{n} w_j = 1$。本案例随机生成 1000 组满足以上约束条件的准则权重，其中第一组权重 $\boldsymbol{W}^1 = (0.089, 0.2542, 0.1425, 0.0691, 0.2995, 0.1457)$。

步骤 6　计算两家酒店之间的综合随机占优度。

当准则权重为 $\boldsymbol{W}^1 = (0.089, 0.2542, 0.1425, 0.0691, 0.2995, 0.1457)$ 时，利用公式（4－17）计算得到第一组酒店之间的综合随机占优度，见表 4－4。

表 4－4　第一组酒店之间的综合随机占优度

酒店	a_1	a_2	a_3	a_4	a_5
a_1	0	0.0082	0.0061	0.0089	0.0142
a_2	0.0074	0	0.0054	0.0125	0.0183
a_3	0.0136	0.0044	0	0.0438	0.0138
a_4	0.0036	0.0046	0.0039	0	0.0036
a_5	0.005	0.04	0.0021	0.0437	0

步骤 7　计算每家酒店的综合评价值。

利用公式（4－18）计算得到每家酒店的综合评价值，见表 4－5。

表 4－5　每家酒店的综合评价值

酒店	a_1	a_2	a_3	a_4	a_5
Z_i^1	0.0373	0.0436	0.0757	0.0157	0.0908

步骤 8　对方案进行排序。

根据第一组权重得到的酒店的优先序列为 $a_5 > a_3 > a_2 > a_1 > a_4$，1000 组权重运算完毕后，可得到 1000 组酒店的完全序。

步骤 9　计算可能度∂_i^r。

利用公式（4－19）计算得到可能度∂_i^r，结果见表 4－6。

表 4－6　可能度∂_i^r

可能度	第 r 位				
	1	2	3	4	5
∂_1	0.006	0.105	0.245	0.428	0.216
∂_2	0.34	0.248	0.342	0.062	0.008
∂_3	0.28	0.482	0.194	0.043	0.001
∂_4	0.036	0.031	0.072	0.268	0.593
∂_5	0.338	0.134	0.147	0.199	0.182

步骤 10　计算每家酒店的综合可能度∂_i^C。

本案例中采用线性权重计算位置权重 α_r，利用公式（4－20）计算得到酒店的综合可能度∂_i^C，见表 4－7。

表 4－7　每家酒店的综合可能度∂_i^C

酒店	a_1	a_2	a_3	a_4	a_5
∂_i^C	4.0642	4.4625	4.4993	3.9122	4.3118

步骤 11　对酒店进行综合排序。

根据表 4－7 中每家酒店的综合可能度对酒店进行排序，可知酒店的完全序为：$a_3 > a_2 > a_5 > a_1 > a_4$。

4.4.2　对比分析

在 4.4.1 小节中，两个决策过程验证了 4.2.2 小节和 4.3.2 小节中所提方法的可行性。为了进一步验证这两种方法的有效性，本小节将应用参考文献［218］中基于随机占优准则和 PROMETHEE Ⅱ 提出的产品选择方法来解决 4.4.1 小节中的问题，并对三种方法进行对比分析。为保证不同方法所得结果不受权重影响，取权重 $\boldsymbol{w} = (0.1759, 0.3909, 0.079, 0.0458, 0.1466, 0.1618)$（此权重与 4.4.1 小节基于 SMAA 和随机占优度的概率语言多准则决策方法中产生的中心权重向量有关）。语言转换函数取$f_1(s_x)$，应用参考文献［218］中所提方法解决 4.4.1 小节中的问题时，具体决策步骤如下。

步骤 1 和步骤 2　得到酒店之间的占优关系。

与 4.4.1 小节基于随机占优度的概率语言 PROMETHEE 方法中的步骤 1～步骤 3 相同，可得到各个准则下酒店之间的随机占优关系。

步骤 3　计算随机评价值$(s_x)_{ij}$的期望。

利用参考文献［218］中计算随机评价值的方法，可得到酒店 a_i 在准则 c_j 下的期望值，见表 4－8。

表 4－8　酒店 a_i 在准则 c_j 下的期望值

酒店	c_1	c_2	c_3	c_4	c_5	c_6
a_1	0.9549	0.9287	0.9418	0.9714	0.9428	0.9334
a_2	0.9562	0.9275	0.9531	0.9361	0.9153	0.9465

续表

酒店	c_1	c_2	c_3	c_4	c_5	c_6
a_3	0.945	0.9283	0.9486	0.9451	0.9521	0.9511
a_4	0.941	0.9333	0.9389	0.9328	0.9108	0.95
a_5	0.9386	0.929	0.9455	0.9463	0.9569	0.925

步骤 4 计算酒店之间的总体优序度。

确定准则 c_j 的偏好阈值 $\boldsymbol{q}_j = [0.055 \quad 0.008 \quad 0.004 \quad 0.005 \quad 0.008 \quad 0.02]$，利用参考文献［218］中计算准则 c_j 下酒店 a_i 相对酒店 a_h 的优序度的方法，得到各个准则下酒店之间的优序度，然后结合权重信息，得到酒店之间的总体优序度，见表 4－9。

表 4－9　酒店之间的总体优序度

酒店	a_1	a_2	a_3	a_4	a_5
a_1	0	0.0458	0.0458	0.0458	0.0458
a_2	0.079	0	0.079	0.079	0.2408
a_3	0.2256	0.0458	0	0.2714	0.1618
a_4	0	0	0	0	0
a_5	0.1466	0.1924	0	0.2256	0

步骤 5 计算酒店 a_i 的出流 $\Phi^+(a_i)$、入流 $\Phi^-(a_i)$ 及净流 $\Phi(a_i)$。

根据总体优序度得到酒店 a_i 优于其他酒店的综合可信度（出流）$\Phi^+(a_i)$、其他酒店优于酒店 a_i 的综合可信度（入流）$\Phi^-(a_i)$ 及酒店 a_i 的相对综合可信度（净流）$\Phi(a_i)$，见表 4－10。

表 4－10　酒店 a_i 的出流 $\Phi^+(a_i)$、入流 $\Phi^-(a_i)$ 及净流 $\Phi(a_i)$

酒店	a_1	a_2	a_3	a_4	a_5
$\Phi^+(a_i)$	0.1832	0.4778	0.7046	0	0.5646
$\Phi^-(a_i)$	0.4512	0.284	0.1248	0.6218	0.4484
$\Phi(a_i)$	−0.268	0.1938	0.5798	−0.6218	0.1162

步骤 6 对酒店进行排序。

按照净流 $\Phi(a_i)$ 越大酒店越优的原则，可得到酒店的完全序为：$a_3 > a_2 >$

$a_5 \succ a_1 \succ a_4$。

至此，可得到应用三种不同方法解决同一问题的决策结果，即应用基于随机占优度的概率语言 PROMETHEE 方法（方法一）、基于 SMAA 和随机占优度的概率语言方法（方法二）以及基于随机占优准则和 PROMETHEE Ⅱ 提出的产品选择方法（方法三）得到酒店的综合评价值和完全序，见表 4－11。

表 4－11　应用三种方法得到的酒店综合评价值及完全序

酒店	a_1	a_2	a_3	a_4	a_5	完全序
方法一	0.0075	0.0116	0.0344	－0.0386	－0.0148	$a_3 \succ a_2 \succ a_1 \succ a_5 \succ a_4$
方法二	4.0642	4.4625	4.4993	3.9122	4.3118	$a_3 \succ a_2 \succ a_5 \succ a_1 \succ a_4$
方法三	－0.268	0.1938	0.5798	－0.6218	0.1162	$a_3 \succ a_2 \succ a_5 \succ a_1 \succ a_4$

根据表 4－11 及三种方法的决策过程和决策结果，可得出以下结论。

（1）在权重信息相同时，采用本章所提两种方法得到的决策结果与采用参考文献［218］中方法得到的决策结果基本一致，最优酒店均为 a_3，验证了 4.2.2 小节和 4.3.2 小节中所提方法的可行性和有效性。本章所定义的概率语言随机占优准则及随机占优度考虑了语言值的影响，加入了语言转换函数，使得概率语言随机占优准则具有更强的适应性，可用于解决不同语义环境下的概率语言随机多准则决策问题。

（2）采用方法一与方法三得到的排序结果基本一致，但 a_1 与 a_5 的顺序不同，利用方法一得到的 a_1 与 a_5 的评价值之差的绝对值为 0.0223，利用方法三得到的 a_1 与 a_5 的评价值之差的绝对值为 0.3842，这与方法三中准则 c_j 的偏好阈值 q_j 存在一定关系。在利用方法三解决问题时发现，q_j 的取值对结果影响较大，调整 q_j 可得到不同的决策结果，这虽然增加了该方法的灵活性，但也使该方法的稳定性较差，而且方法三中未给出偏好阈值 q_j 的取值规则。因此，在权重已知时，方法一具有更好的适用性，决策过程更加清晰易懂。

（3）在权重无约束条件限制或约束条件较少时，三种方法中只有基于 SMAA 和随机占优度的概率语言多准则决策方法（方法二）可以解决此类问题。利用该方法，可根据每一组完全随机的准则权重值或基于已知约束条件得到的随机准则权重值进行决策，随后对所产生的大量决策结果进行分析，得到可靠的酒店优先序列，随着参与运算的权重组数的增加，利用方法二得到的决策结果将趋于稳定。当权重未知或只有一部分权重信息已知时，若利用方法一或方法三进行决策，由于决策结果与随机准则权重值具有密切关系，故变动较大；利用方法二则能得到稳定的结果。

4.5 本章小结

本章基于随机占优理论对完备概率语言决策问题进行了研究，在现有关于随机占优准则及随机占优度研究成果的基础上，重新定义了概率语言随机占优准则及概率语言随机占优度，并给出了相应的性质及证明，进而通过所提方法论证了所定义的概率语言随机占优准则与概率语言随机占优度的适用性。在此基础上，本章提出了基于随机占优度的概率语言 PROMETHEE 方法以及基于 SMAA 和随机占优度的概率语言多准则决策方法，并通过实际案例与对比分析验证了所提方法的可行性和有效性。本章所提两种方法各具特点，能分别用于解决权重已知和权重信息部分约束条件已知的完备概率语言多准则决策问题，具有较高的理论价值及实用价值。

5 基于证据推理的概率语言多准则决策方法

因决策者自身经验有限，其对决策问题中的某些准则可能不够了解，未能给出酒店在某个准则下的语言评价值。在统计处理酒店在该准则下的语言评价值后，只能得到不完备概率语言术语集。不完备概率语言术语集中包含已知的语言评价值及其出现频率和未知评价值对应的概率值。备选酒店在某些准则下的评价值需用不完备概率语言术语集进行描述，这样的问题就是本章即将研究的不完备概率语言多准则决策问题。

不完备概率语言多准则决策问题也是较为常见的。例如，潜在住客在旅游网站上挑选酒店时，常常有选择性地查看某几个准则下的评价值，并对酒店预先做出评估。在入住酒店后，住客根据直观感受对酒店进行评价时，依旧是有选择性的，即对不太关注的准则不做评价，因此网站中呈现出的评价值会存在部分缺失。例如，若有 1000 个住客对酒店“性价比”进行评价，500 人评价“较好”，200 人评价“一般”，还有 300 人未给出任何评价。缺失的评价信息具有一定意义，利用不完备概率语言术语集 $\{s_3(0.5), s_2(0.2)\}$ 可体现出已有的评价信息和缺失的评价信息。根据不完备概率语言评价信息评估酒店即为不完备概率语言多准则决策问题。

在现有文献中，规范化不完备概率语言术语集是研究热点[180,187,188]。但是，在将不完备概率语言术语集转换为完备概率语言术语集的过程中，原始数据会发生较大改变，导致决策结果的可靠性降低。证据理论在处理包含不确定性问题方面具有一定的优势，此外，基于证据权重和证据间的相互影响，Yang 和 Singh[49] 提出的证据推理方法，使得证据融合结果更加合理化。本章将基于证据推理在处理不确定信息方面的优势和现有研究成果，对不完备概率语言术语集进行研究。首先，利用证据推理对不完备概率语言术语集直接进行融合处理，分别提出基于加权和证据推理的概率语言多准则决策方法以及基于证据推理和 BWM 的概率语言多准则决策方法，用以解决权重已知和权重未知的不完备概率语言多准则决策问题，并利用本章提出的转换方法处理综合评价值，以便得到决策结果。其次，基于实际案例对本章所提两种方法进行分析，并与现有方法进行对比分析，验证所提方法的可行性。最后，对本章内容进行总结。

5.1　获取近似置信度

不完备概率语言术语集存在部分信息缺失，现有文献中的转换方法大多是按照比例将未知语言项对应的概率均分到语言术语集中的各语言项下，缺乏灵活性和适用性，本节提出了一种新的转换方法。

定义 5－1　假设 $L(p)=\{s_{\theta(k)}(p^k)\mid k=1,2,\cdots,\#L(p)\}$ 为语言术语集 $S=\{s_0,s_1,\cdots,s_{2T}\}$ 中的一个不完备概率语言术语集，$0<\sum_{k=1}^{\#L(p)}p^k<1$。在转换之前，需将 $L(p)$ 转化为包含 S 中每个语言术语的不完备概率语言术语集，$s_{\theta(k)}$ 对应的概率值 p^k 保持不变，$L(p)$ 中未出现的语言术语对应的概率值为 0，则 $L(p)$ 可转换为 $L_S(p)=\{s_t(p_t)\mid t-0,1,\cdots,2T\}$，其中 $\sum_{t=0}^{2T}p_t=\sum_{k=1}^{\#L(p)}p^k$，$p_t$ 为语言值 s_t 的置信度，未知信度 $p_t^{\Omega}=1-\sum_{t=0}^{2T}p_t$。根据不充分推理原则，分别利用 EP 法和 PP 法将 $L_S(p)$ 中的置信度 p_t 转化为赌博概率，转换过程如下：

$$p_{t(\mathrm{EP})}=p_t+\frac{1}{2T+1}p_t^{\Omega} \tag{5－1}$$

$$p_{t(\mathrm{PP})}=p_t+\frac{p_t+p_t^{\Omega}}{1+2Tp_t^{\Omega}}p_t^{\Omega} \tag{5－2}$$

其中，$t=0$，1，…，$2T$；$j=1$，2，…，n。

为了使未知信度分配到语言项 s_t 的分配原则更加灵活，本节同时利用 EP 法、PP 法及参数 λ 得到可调节的近似置信度 $\hat{p}_t$，其计算公式如下：

$$\hat{p}_t = \lambda p_{t(EP)} + (1-\lambda) p_{t(PP)} \tag{5-3}$$

由公式（5－3）可知，$\lambda = 1$ 时，$\hat{p}_t$ 即为利用 EP 法得到的赌博概率；$\lambda = 0$ 时，$\hat{p}_t$ 即为利用 PP 法得到的赌博概率。

例 5－1　设 $L(p) = \{s_4(0.4), s_3(0.2), s_1(0.2)\}$，$S = \{s_0, s_1, s_2, s_3, s_4\}$，则 $p_t^{\Omega} = 0.2$，$T = 2$，$L_S(p) = \{s_4(0.4), s_3(0.2), s_2(0), s_1(0.2), s_0(0)\}$，利用公式（5－1）和公式（5－2）分配未知信度时，结果如下：

$$p_{4(EP)} = 0.4 + \frac{1}{2\times 2+1}\times 0.2 = 0.44$$

$$p_{3(EP)} = 0.2 + \frac{1}{2\times 2+1}\times 0.2 = 0.24$$

$$p_{2(EP)} = 0 + \frac{1}{2\times 2+1}\times 0.2 = 0.04$$

$$p_{1(EP)} = 0.2 + \frac{1}{2\times 2+1}\times 0.2 = 0.24$$

$$p_{0(EP)} = 0 + \frac{1}{2\times 2+1}\times 0.2 = 0.04$$

$$p_{4(PP)} = 0.4 + \frac{0.4+0.2}{1+2\times 2\times 0.2}\times 0.2 = 0.4667$$

$$p_{3(PP)} = 0.2 + \frac{0.2+0.2}{1+2\times 2\times 0.2}\times 0.2 = 0.2444$$

$$p_{2(PP)} = 0 + \frac{0+0.2}{1+2\times 2\times 0.2}\times 0.2 = 0.0222$$

$$p_{1(PP)} = 0.2 + \frac{0.2+0.2}{1+2\times 2\times 0.2}\times 0.2 = 0.2444$$

$$p_{0(PP)} = 0 + \frac{0+0.2}{1+2\times 2\times 0.2}\times 0.2 = 0.0222$$

令 $\lambda = 0.5$，利用公式（5－3）可得到近似置信度 $\hat{p}_t$：

$$\hat{p}_4 = 0.5\times 0.44 + (1-0.5)\times 0.4667 = 0.4534$$

$$\hat{p}_3 = 0.5\times 0.24 + (1-0.5)\times 0.2444 = 0.2422$$

$$\hat{p}_2 = 0.5\times 0.04 + (1-0.5)\times 0.0222 = 0.0311$$

$$\hat{p}_1 = 0.5\times 0.24 + (1-0.5)\times 0.2444 = 0.2422$$

$$\hat{p}_0 = 0.5\times 0.04 + (1-0.5)\times 0.0222 = 0.0311$$

5.2 基于加权和证据推理的概率语言多准则决策方法

受赌博概率思想的启发，利用加权和证据推理分析方法，本节提出了基于加权和证据推理的不完备概率语言多准则决策方法，用于解决权重已知的不完备概率语言多准则决策问题。

5.2.1 权重已知的不完备概率语言多准则决策问题描述

在权重已知的不完备概率语言多准则决策问题中，通常存在 m 个备选方案，方案集可以用 $A=\{a_1,a_2,\cdots,a_m\}$ 来表示，决策者使用语言术语集 $S=\{s_0,s_1,\cdots,s_{2T}\}$ 对方案 a_i 进行评价。决策者从 n 个不同的方面对方案进行评价，评价所需的准则集用 $C=\{c_1,c_2,\cdots,c_n\}$ 表示。为了降低复杂性，假设每个决策者在准则 c_j 下对方案 a_i 进行评价时只使用一个语言评价值，收集并统计方案 a_i 在准则 c_j 下的语言评价值。若由于自身知识的局限性，决策者未能在准则 c_j 下对方案 a_i 进行评价，则决策者的数目 N_S 与每个方案在各个准则下的语言评价值的数目 N'_S 不同，并且 $N_S>N'_S$。

同时，统计方案 a_i 在准则 c_j 下的语言评价值 $s_{\theta(k)}$ 的数目 $N_{s_{\theta(k)}}(\sum N_{s_{\theta(k)}}=N'_S)$，通过计算 $N_{s_{\theta(k)}}/N_S$ 可得到与 $s_{\theta(k)}$ 对应的 p^k 的值。通过这样的方式，可以使用不完备概率语言术语集 $L_{ij}(p)=\{s_{ij}^{k_{ij}}(p_{ij}^{k_{ij}})\}$ $(p_{ij}^{k_{ij}}>0$；$k_{ij}=1,2,\cdots,\#L_{ij}(p)$；$\sum_{k_{ij}=1}^{\#L_{ij}(p)}p_{ij}^{k_{ij}}<1)$ 描述决策者在准则 c_j 下对方案 a_i 的评价值。准则 c_j 的权重为 w_j，且每个准则的权重之和为 1，即 $w_1+w_2+\cdots+w_n=1$。

5.2.2 基于加权和证据推理的概率语言多准则决策方法的步骤

针对 5.2.1 小节中提出的问题，本小节提出的基于加权和证据推理的概率语言多准则决策方法的步骤如图 5－1 所示，随后给出了详细说明。

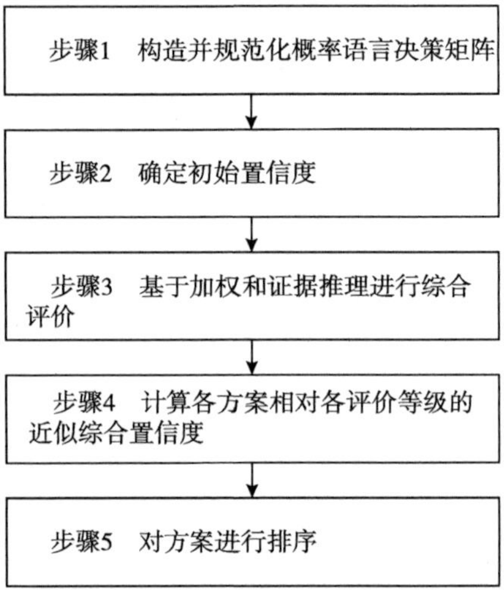

图 5-1 基于加权和证据推理的概率语言多准则决策方法的步骤

步骤 1 构造并规范化概率语言决策矩阵。

与 3.2.2 小节步骤 1 中的规范化方法相同。

步骤 2 确定初始置信度。

在本小节中，语言术语集 $S=\{s_0,s_1,\cdots,s_{2T}\}$ 即为评价等级 $H=\{H_0,H_1,\cdots,H_{2T}\}$，$L_{ij}(p)=\{s_t(p_{t,j}(a_i))\mid t=0,1,\cdots,2T\}$ 可用 $S(c_j(a_i))=\{H_t(\beta_{t,j}(a_i))\mid t=0,1,\cdots,2T\}$ 来表示，其中 $p_{t,j}(a_i)$ 即为初始置信度 $\beta_{t,j}(a_i)$，表示决策者对于方案 a_i 在准则 c_j 下被分配到评价等级 H_t 的置信度。若 $\sum_{t=0}^{2T}\beta_{t,j}(a_i)=1$，则未知信度 $\beta^{\Omega}(a_i)=0$，决策者所做的评价为完全评价，得到的概率语言术语集为完备概率语言术语集。

步骤 3 基于加权和证据推理进行综合评价。

已知准则 c_j 的权重为 w_j，利用加权和证据推理方法计算所有准则下每个方案被分配到评价等级 H_t 中的综合置信度 $\beta_t(a_i)$ 和未知信度 $\beta^{\Omega}(a_i)$。$\beta_t(a_i)$ 和 $\beta^{\Omega}(a_i)$ 分别计算如下：

$$\beta_t(a_i)=\sum_{j=1}^{n}w_j\beta_{t,j}(a_i) \tag{5-4}$$

$$\beta^{\Omega}(a_i)=1-\sum_{j=1}^{n}\sum_{t=0}^{2T}w_j\beta_{t,j}(a_i) \tag{5-5}$$

其中，$t=0, 1, \cdots, 2T$; $j=1, 2, \cdots, n$。

步骤 4 计算各方案相对各评价等级的近似综合置信度。

利用公式（5－1）及公式（5－2）可得到每个方案的赌博概率：

$$P_t(a_i)_{EP} = \beta_t(a_i) + \frac{1}{2T+1}\beta^{\Omega}(a_i) \tag{5-6}$$

$$P_t(a_i)_{PP} = \beta_t(a_i) + \frac{\beta_t(a_i) + \beta^{\Omega}(a_i)}{1 + 2T\beta^{\Omega}(a_i)}\beta^{\Omega}(a_i) \tag{5-7}$$

利用公式（5－3）可得到每个方案的近似综合置信度 $\hat{\beta}_t(a_i)$：

$$\hat{\beta}_t(a_i) = \lambda P_t(a_i)_{EP} + (1-\lambda)P_t(a_i)_{PP} \tag{5-8}$$

步骤 5 对方案进行排序。

利用第 2 章中定义的比较规则对方案进行排序。

5.3 基于证据推理和 BWM 的概率语言多准则决策方法

在现有文献中，BWM 在解决实际多准则决策问题时也多用于确定准则权重[219-221]。因此，本节提出了基于证据推理和 BWM 的概率语言多准则决策方法。

5.3.1 权重未知的不完备概率语言多准则决策问题描述

在权重未知的不完备概率语言多准则决策问题中，通常存在 m 个备选方案，方案集可以用 $A = \{a_1, a_2, \cdots, a_m\}$ 来表示，决策者使用语言术语集 $S = \{s_0, s_1, \cdots, s_{2T}\}$ 对方案 a_i 进行评价。决策者从 n 个不同的方面对方案进行评价，评价所需的准则集用 $C = \{c_1, c_2, \cdots, c_n\}$ 表示。准则的权重完全未知，但决策者可根据评价值确定出最优准则（决策者最关注的准则，即决策过程中权重最大的准则）、最劣准则（决策者最不关注的准则，即决策过程中权重最小的准则）以及最优准则（最劣准则）优于（劣于）其他准则的程度。为了降低复杂性，假设每个决策者在准则 c_j 下对方案 a_i 进行评价时只使用一个语言评价值，收集并统计方案 a_i 在准则 c_j 下的语言评价值。若由于自身知识的局限性，

决策者未能在准则 c_j 下对方案 a_i 进行评价，则决策者的数目 N_S 与方案 a_i 在准则 c_j 下的语言评价值的数目 $N'_S(ij)$ 不同，并且 $N_S > N'_S(ij)$。

同时，统计方案 a_i 在准则 c_j 下的语言评价值 s_t 的数目 $N_{s_{\theta(k)}}(ij)$（$\sum N_{s_{\theta(k)}}(ij) = N'_S$），通过计算 $N_{s_{\theta(k)}}(ij)/N_S$，可以得到与 s_t 对应的 $p_{t,j}(a_i)$ 的值。通过这样的方式，可以使用概率语言术语集 $L_{ij}(p) = \{s_t(p_{t,j}(a_i)) \mid t = 0,1,\cdots,2T\}$（$p_{t,j}(a_i) > 0$；$\sum_{t=0}^{2T} p_{t,j}(a_i) \leqslant 1$）描述决策者在准则 c_j 下对方案 a_i 的评价值。

5.3.2 基于证据推理和 BWM 的概率语言多准则决策方法的步骤

针对 5.3.1 小节中的问题，本小节提出的基于证据推理和 BWM 的概率语言多准则决策方法的步骤如图 5－2 所示。

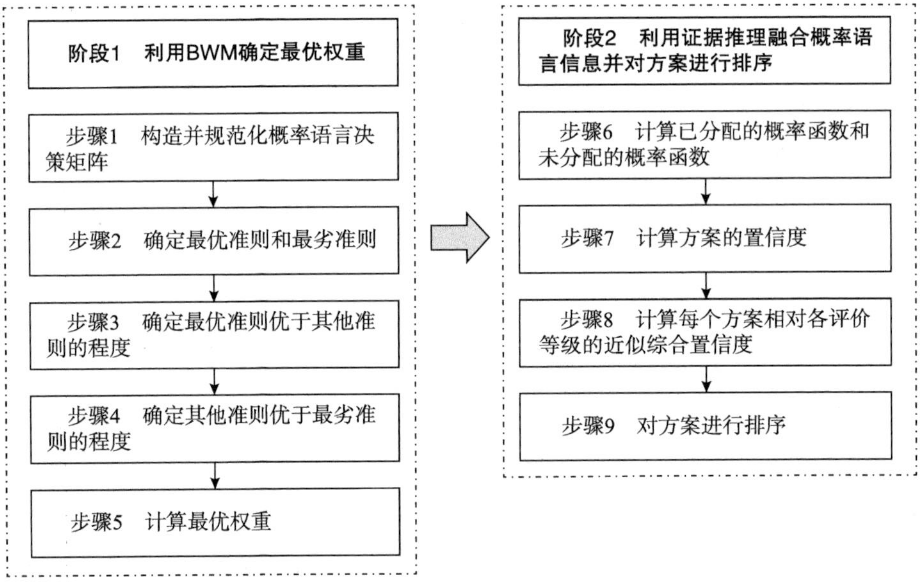

图 5－2 基于证据推理和 BWM 的概率语言多准则决策方法的步骤

阶段 1　利用 BWM 确定最优权重

步骤 1　构造并规范化概率语言决策矩阵。

与 3.2.2 小节步骤 1 中的规范化方法相同。

步骤 2 确定最优准则和最劣准则。

计算所有方案在准则 c_j 下的语言评价值的数目总和 $\sum_i N'_S(ij)$，根据多数原则与 $\sum_i N'_S(ij)$ 的大小，确定与 $\sum_i N'_S(ij)$ 最大值对应的准则 c_j 为最优准则 c_B，与 $\sum_i N'_S(ij)$ 最小值对应的准则 c_j 为最劣准则 c_W。

步骤 3 确定最优准则优于其他准则的程度。

决策者利用区间［1，9］中的整数描述最优准则优于其他准则的程度，得到向量 $\boldsymbol{A}_B$，$\boldsymbol{A}_B = (a_{B1}, a_{B2}, \cdots, a_{Bn})$，其中，$a_{B1}$ 代表最优准则 c_B 优于准则 c_1 的程度。

步骤 4 确定其他准则优于最劣准则的程度。

决策者利用区间［1，9］中的整数描述其他准则优于最劣准则的程度，得到向量 $\boldsymbol{A}_W$，$\boldsymbol{A}_W = (a_{1W}, a_{2W}, \cdots, a_{nW})$，其中，$a_{1W}$ 代表准则 c_1 优于最劣准则 c_W 的程度。

步骤 5 计算最优权重。

准则 c_j 的权重为 w_j，可知 $\sum_{j=1}^{n} w_j = 1$，构建计算最优权重的模型：

$$\min \xi$$

$$\text{s.t.} \begin{cases} \left| \dfrac{w_B}{w_j} - a_{Bj} \right| \leqslant \xi \\ \left| \dfrac{w_j}{w_W} - a_{jW} \right| \leqslant \xi \\ \sum_j w_j = 1 \\ w_j \geqslant 0 \end{cases} \tag{5-9}$$

阶段 2 利用证据推理融合概率语言信息并对方案进行排序

步骤 6 计算已分配的概率函数和未分配的概率函数。

在本小节中，语言术语集 $S = \{s_0, s_1, \cdots, s_{2T}\}$ 即为评价等级 $H = \{H_0, H_1, \cdots, H_{2T}\}$，$L_{ij}(p) = \{s_t(p_{t,j}(a_i)) \mid t = 0,1,\cdots,2T\}$ 可用 $S(c_j(a_i)) = \{H_t(\beta_{t,j}(a_i)) \mid t = 0,1,\cdots,2T\}$ 来表示，其中 $p_{t,j}(a_i)$ 即为初始置信度 $\beta_{t,j}(a_i)$，表示决策者对于方案 a_i 在准则 c_j 下被分配到评价等级 H_t 的置信度，则已分配

的概率函数 $m_{t,j}$ 可计算如下：

$$m_{t,j} = w_j \beta_{t,j}(a_i) \quad (t = 0,1,\cdots,2T) \tag{5-10}$$

未分配的概率函数 $m_{H,j}$ 可计算如下：

$$m_{H,j} = 1 - \sum_{t=0}^{2T} m_{t,j} = 1 - w_j \sum_{t=0}^{2T} \beta_{t,j}(a_i) \quad (j = 1,2,\cdots,n) \tag{5-11}$$

步骤 7 计算方案的置信度。

通过下述各个算式递推得到方案的综合概率分配：

$$\{H_t\}: m_{t,I(j+1)} = K_{I(j+1)}[m_{t,I(j)} m_{t,j+1} + m_{H,I(j)} m_{t,j+1} + m_{t,I(j)} m_{H,j+1}] \tag{5-12}$$

$$\{H\}: m_{H,I(j+1)} = K_{I(j+1)} m_{H,I(j)} m_{H,j+1} \tag{5-13}$$

$$K_{I(j+1)} = [1 - \sum_{p=0}^{2T} \sum_{q=0}^{2T} m_{p,I(j)} m_{q,j+1}]^{-1} \tag{5-14}$$

其中，初始值 $m_{t,I(1)} = m_{t,1}$；$m_{H,I(1)} = m_{H,1}$；$t = 0, 1, \cdots, 2T$；$j = 1, 2, \cdots, n-1$。

利用综合概率分配，可得到方案 a_i 被分配到评价等级 H_t 的综合置信度 $\beta_t(a_i)$：

$$\{H_t\}: \beta_t(a_i) = \frac{1 - \beta_H(a_i)}{1 - m_{H,I(n)}} m_{t,I(n)} \tag{5-15}$$

其中，$\beta_H(a_i) = \sum_{j=1}^{n} w_j(1 - \sum_{t=0}^{2T} \beta_{t,j}(a_i))$ 为方案 a_i 没有分配到任何评价等级的置信度。方案 a_i 的综合评价结果为 $E(a_i) = \{H_t(\beta_t(a_i)) \mid t = 0,1,\cdots,2T\}$。

步骤 8 计算每个方案相对各评价等级的近似综合置信度。

利用公式（5-3）计算得到每个方案的近似综合置信度。

步骤 9 对方案进行排序。

根据第 2 章中定义的概率语言术语集的比较规则对方案进行排序。

5.4 案例分析

在 3.4.1 小节的案例背景下，旅行者选择酒店时，常常会遇到部分历史住客因对某酒店的某些方面不太关注而未做出评价的情况。该旅行者选出的5家酒店中，每家酒店均有较多历史住客的评价信息，但部分历史住客在对酒店进行评价时忽略了部分准则。5家酒店用 $A=\{a_1,a_2,a_3,a_4,a_5\}$ 来表示。酒店评估同时考虑6个因素，分别为：c_1，睡眠质量；c_2，位置；c_3，舒适度；c_4，服务；c_5，性价比；c_6，卫生。酒店的星级评分与语言术语集 $S=\{s_0,s_1,s_2,s_3,s_4\}=$ {很糟,差,一般,很好,非常好} 中的语言项一一对应。收集并整理评价数据，得到历史住客给出的不完备概率语言评价信息，并在权重已知和权重未知的情况下分别做出相应的决策。

5.4.1 决策过程

1. 基于加权和证据推理的概率语言多准则决策方法的决策过程

准则的权重向量为 $\boldsymbol{w}=(0.0662,0.0583,0.0746,0.5954,0.1028,0.1028)$。整理历史住客给出的评价信息，得到表5-1中的不完备概率语言评价信息。

表5-1 各酒店在各准则下的不完备概率语言评价信息

酒店	睡眠质量 c_1	位置 c_2
a_1	$\{s_4(0.4846),s_3(0.0352),s_2(0.0132)\}$	$\{s_4(0.304),s_3(0.1542),s_2(0.0485),s_1(0.0088),s_0(0.0044)\}$
a_2	$\{s_4(0.3665),s_3(0.0745),s_2(0.0124)\}$	$\{s_4(0.4224),s_3(0.0373)\}$
a_3	$\{s_4(0.3899),s_3(0.0503),s_2(0.0126),s_0(0.0126)\}$	$\{s_4(0.2767),s_3(0.1069),s_2(0.0126)\}$
a_4	$\{s_4(0.5128),s_3(0.0513),s_2(0.0085),s_0(0.0028)\}$	$\{s_4(0.5299),s_3(0.0484),s_2(0.0028),s_1(0.0028)\}$
a_5	$\{s_4(0.4465),s_3(0.0503),s_2(0.0126),s_1(0.0063),s_0(0.0021)\}$	$\{s_4(0.4843),s_3(0.0335),s_2(0.0063)\}$

酒店	舒适度 c_3	服务 c_4
a_1	$\{s_4(0.4582),s_3(0.0617),s_2(0.0044)\}$	$\{s_4(0.6652),s_3(0.0352),s_2(0.0132)\}$
a_2	$\{s_4(0.4596),s_3(0.0497)\}$	$\{s_4(0.6025),s_3(0.0621),s_2(0.0124),s_1(0.0062)\}$

续表

酒店	舒适度 c_3	服务 c_4
a_3	$\{s_4(0.327),s_3(0.044),s_2(0.0063),s_0(0.0063)\}$	$\{s_4(0.5975),s_3(0.0377),s_2(0.0252),s_1(0.0189),s_0(0.0063)\}$
a_4	$\{s_4(0.5014),s_3(0.0513)\}$	$\{s_4(0.604),s_3(0.0798),s_2(0.0228),s_1(0.0085),s_0(0.0085)\}$
a_5	$\{s_4(0.4444),s_3(0.0608),s_2(0.0063),s_1(0.0021)\}$	$\{s_4(0.6143),s_3(0.0797),s_2(0.0273),s_1(0.0126),s_0(0.0063)\}$

酒店	性价比 c_5	卫生 c_6
a_1	$\{s_4(0.3304),s_3(0.1454),s_2(0.0044),s_0(0.0044)\}$	$\{s_4(0.4978),s_3(0.0396)\}$
a_2	$\{s_4(0.354),s_3(0.118),s_2(0.0248)\}$	$\{s_4(0.4721),s_3(0.0124)\}$
a_3	$\{s_4(0.2453),s_3(0.1195),s_2(0.044),s_1(0.0189)\}$	$\{s_4(0.3711),s_3(0.0503),s_2(0.0063)\}$
a_4	$\{s_4(0.3447),s_3(0.1852),s_2(0.0342),s_1(0.0085),s_0(0.0057)\}$	$\{s_4(0.5299),s_3(0.0513),s_2(0.0057)\}$
a_5	$\{s_4(0.3019),s_3(0.1614),s_2(0.0419),s_1(0.0147),s_0(0.0021)\}$	$\{s_4(0.4843),s_3(0.0314),s_2(0.0105),s_1(0.0042)\}$

采用 5.2.2 小节提出的方法进行决策时，具体步骤如下。

步骤 1 构造并规范化概率语言决策矩阵。

本案例中，所有的准则均为效益型准则，因此表 5－1 中评价信息构成的概率语言决策矩阵即为规范化后的概率语言决策矩阵 $\boldsymbol{R}$，$\boldsymbol{R} = [L_{ij}(p)]_{5\times 6} = [R_1, R_2, R_3, R_4, R_5, R_6] =$

$$\left[\begin{array}{lll}
\{s_4(0.4846),s_3(0.0352),s_2(0.0132)\} & \{s_4(0.304),s_3(0.1542),s_2(0.0485),s_1(0.0088),s_0(0.0044)\} & \{s_4(0.4582),s_3(0.0617),s_2(0.0044)\} \\
\{s_4(0.3665),s_3(0.0745),s_2(0.0124)\} & \{s_4(0.4224),s_3(0.0373)\} & \{s_4(0.4596),s_3(0.0497)\} \\
\{s_4(0.3899),s_3(0.0503),s_2(0.0126),s_0(0.0126)\} & \{s_4(0.2767),s_3(0.1069),s_2(0.0126)\} & \{s_4(0.327),s_3(0.044),s_2(0.0063),s_0(0.0063)\} \\
\{s_4(0.5128),s_3(0.0513),s_2(0.0085),s_0(0.0028)\} & \{s_4(0.5299),s_3(0.0484),s_2(0.0028),s_1(0.0028)\} & \{s_4(0.5014),s_3(0.0513)\} \\
\{s_4(0.4465),s_3(0.0503),s_2(0.0126),s_1(0.0063),s_0(0.0021)\} & \{s_4(0.4843),s_3(0.0335),s_2(0.0063)\} & \{s_4(0.4444),s_3(0.0608),s_2(0.0063),s_1(0.0021)\}
\end{array}\right.$$

$$\left.\begin{array}{lll}
\{s_4(0.6652),s_3(0.0352),s_2(0.0132)\} & \{s_4(0.3304),s_3(0.1454),s_2(0.0044),s_0(0.0044)\} & \{s_4(0.4978),s_3(0.0396)\} \\
\{s_4(0.6025),s_3(0.0621),s_2(0.0124),s_1(0.0062)\} & \{s_4(0.354),s_3(0.118),s_2(0.0248)\} & \{s_4(0.4721),s_3(0.0124)\} \\
\{s_4(0.5975),s_3(0.0377),s_2(0.0252),s_1(0.0189),s_0(0.0063)\} & \{s_4(0.2453),s_3(0.1195),s_2(0.044),s_1(0.0189)\} & \{s_4(0.3711),s_3(0.0503),s_2(0.0063)\} \\
\{s_4(0.604),s_3(0.0798),s_2(0.0228),s_1(0.0085),s_0(0.0085)\} & \{s_4(0.3447),s_3(0.1852),s_2(0.0342),s_1(0.0085),s_0(0.0057)\} & \{s_4(0.5299),s_3(0.0513),s_2(0.0057)\} \\
\{s_4(0.6143),s_3(0.0797),s_2(0.0273),s_1(0.0126),s_0(0.0063)\} & \{s_4(0.3019),s_3(0.1614),s_2(0.0419),s_1(0.0147),s_0(0.0021)\} & \{s_4(0.4843),s_3(0.0314),s_2(0.0105),s_1(0.0042)\}
\end{array}\right]$$

步骤2　确定初始置信度。

与语言术语集 $S=\{s_0,s_1,\cdots,s_{2T}\}$ 对应的评价等级 $H=\{H_0,H_1,\cdots,H_{2T}\}$，以概率语言矩阵 $\boldsymbol{R}$ 中 $L_{11}(p)=\{s_4(0.4846),s_3(0.0352),s_2(0.0132)\}$ 为例，决策者对于酒店 a_1 在准则 c_1 下被分配到评价等级 H_4 的置信度为0.4846，被分配到评价等级 H_3 的置信度0.0352，被分配到评价等级 H_2 的置信度为0.0132。

步骤3　基于加权和证据推理的综合评价。

利用公式（5－4）和公式（5－5）计算得到酒店 a_i 被分配到不同评价等级的综合置信度 $\beta_t(a_i)$ 和未知信度 $\beta^{\Omega}(a_i)$，见表5－2。

表 5-2　酒店 a_i 被分配到不同评价等级的综合置信度 $\beta_t(a_i)$ 和未知信度 $\beta^{\Omega}(a_i)$

酒店	$\beta_4(a_i)$	$\beta_3(a_i)$	$\beta_2(a_i)$	$\beta_1(a_i)$	$\beta_0(a_i)$	$\beta^{\Omega}(a_i)$
a_1	0.5652	0.0559	0.0123	0.0005	0.0007	0.3654
a_2	0.5268	0.0612	0.0108	0.0037	0	0.3975
a_3	0.4855	0.0527	0.0222	0.0132	0.0051	0.4213
a_4	0.5518	0.0819	0.0184	0.0061	0.0058	0.336
a_5	0.5375	0.0771	0.0233	0.01	0.0041	0.348

步骤 4　计算各酒店相对各评价等级的近似综合置信度。

利用公式（5-6）（EP 法）得到的酒店 a_i 的赌博概率见表 5-3。

表 5-3　利用 EP 法得到的酒店 a_i 的赌博概率

酒店	$P_4(a_i)_{EP}$	$P_3(a_i)_{EP}$	$P_2(a_i)_{EP}$	$P_1(a_i)_{EP}$	$P_0(a_i)_{EP}$
a_1	0.6383	0.1290	0.0854	0.0736	0.0738
a_2	0.6063	0.1407	0.0903	0.0832	0.0795
a_3	0.5697	0.1370	0.1065	0.0975	0.0893
a_4	0.6190	0.1491	0.0856	0.0733	0.0730
a_5	0.6071	0.1467	0.0929	0.0796	0.0737

利用公式（5-7）（PP 法）得到的酒店 a_i 的赌博概率见表 5-4。

表 5-4　利用 PP 法得到的酒店 a_i 的赌博概率

酒店	$P_4(a_i)_{PP}$	$P_3(a_i)_{PP}$	$P_2(a_i)_{PP}$	$P_1(a_i)_{PP}$	$P_0(a_i)_{PP}$
a_1	0.7033	0.1184	0.0684	0.0548	0.0550
a_2	0.6687	0.1316	0.0734	0.0653	0.0610
a_3	0.6277	0.1271	0.0918	0.0814	0.0720
a_4	0.6790	0.1418	0.0692	0.0551	0.0548
a_5	0.6663	0.1389	0.0773	0.0621	0.0553

设置 $\lambda=0.5$，利用公式（5-8）可得到酒店 a_i 被分配到评价等级 H_t 的近似综合置信度 $\hat{\beta}_t(a_i)$，见表 5-5。

表 5 - 5　酒店 a_i 的近似综合置信度

酒店	$\hat{\beta}_4(a_i)$	$\hat{\beta}_3(a_i)$	$\hat{\beta}_2(a_i)$	$\hat{\beta}_1(a_i)$	$\hat{\beta}_0(a_i)$
a_1	0.6708	0.1237	0.0769	0.0642	0.0644
a_2	0.6375	0.1362	0.0818	0.0742	0.0703
a_3	0.5987	0.1321	0.0991	0.0894	0.0806
a_4	0.6490	0.1454	0.0774	0.0642	0.0639
a_5	0.6367	0.1428	0.0851	0.0709	0.0645

步骤 5　对酒店进行排序。

语言转换函数取 $f_1(s_x)$，可得到酒店 a_i 的得分值为：

$$S(a_1)=0.1636\quad S(a_2)=0.1598\quad S(a_3)=0.1539$$

$$S(a_4)=0.1626\quad S(a_5)=0.1608$$

对酒店进行排序，可知酒店的完全序为：$a_1 > a_4 > a_5 > a_2 > a_3$，因此 a_1 为最优酒店。

语言转换函数和参数 λ 对排序结果都会造成一定的影响，利用不同的语言转换函数和参数 λ 得到的排序结果见表 5 - 6。

表 5 - 6　调整语言转换函数和参数 λ 得到的排序结果

参数	$f_1(s_x)$	$f_2(s_y)$	$f_3(s_z)$
$\lambda=0$	$a_1 > a_4 > a_5 > a_2 > a_3$	$a_1 > a_4 > a_5 > a_2 > a_3$	$a_1 > a_4 > a_5 > a_2 > a_3$
$\lambda=0.2$	$a_1 > a_4 > a_5 > a_2 > a_3$	$a_1 > a_4 > a_5 > a_2 > a_3$	$a_1 > a_4 > a_5 > a_2 > a_3$
$\lambda=0.5$	$a_1 > a_4 > a_5 > a_2 > a_3$	$a_1 > a_4 > a_5 > a_2 > a_3$	$a_1 > a_4 > a_5 > a_2 > a_3$
$\lambda=0.8$	$a_1 > a_4 > a_5 > a_2 > a_3$	$a_1 > a_4 > a_5 > a_2 > a_3$	$a_1 > a_4 > a_5 > a_2 > a_3$
$\lambda=1$	$a_1 > a_4 > a_5 > a_2 > a_3$	$a_1 > a_4 > a_5 > a_2 > a_3$	$a_1 > a_4 > a_5 > a_2 > a_3$

从表 5 - 6 中可知，在该案例中，改变语言转换函数和参数 λ 得到的排序结果一致，最优酒店 a_1 的效用值一直具有明显的优势。但在计算过程中，每家酒店的近似综合效用值一直在发生改变，在酒店较多的案例中，当排序结果随着语言转换函数和参数 λ 变化时，可根据决策偏好与实际情况选择语言转换函数和参数 λ。

2. 基于证据推理和 BWM 的概率语言多准则决策方法的决策过程

在验证 5.3.2 小节所提方法的可行性时，基于 3.4.1 小节的案例背景选取案例。为方便进一步对不同方法进行对比，此处的案例应与本小节基于加权和证据推理的概率语言多准则决策方法中的案例保持一致，但准则的权重未知，需要通过各个准则下的评论数目来确定准则之间的偏好关系。语言转换函数取 $f_1(s_x)$，决策过程如下。

步骤1～步骤3 确定最优准则、最劣准则及优先程度。

统计得到各准则下的评论数目，见表5－7。

表5－7 各准则下的评论数目

准则	c_1	c_2	c_3	c_4	c_5	c_6
评论数目	1247	1246	1256	1720	1278	1279

根据多数原则，某准则下的评论数目越多，说明住客越关注该准则，其权重越大。则最优准则为 c_4，最劣准则为 c_2。利用准则下评论数目之间的差值确定最优准则优于其他准则的程度 $\boldsymbol{A}_{\mathrm{B}} = (a_{\mathrm{B1}}, a_{\mathrm{B2}}, \cdots, a_{\mathrm{B}n}) = (9,9,8,1,7,7)$，其他准则优于最劣准则的程度 $\boldsymbol{A}_{\mathrm{W}} = (a_{1\mathrm{W}}, a_{2\mathrm{W}}, \cdots, a_{n\mathrm{W}}) = (1,1,2,9,3,3)$。

步骤4 计算最优权重。

利用公式（5－9）计算得到准则的权重 $\boldsymbol{w}$ =(0.0662，0.0583，0.0746，0.5954，0.1028，0.1028)，$\xi^* = 1.2484$，$a_{\mathrm{BW}} = a_{42} = 9$。随后可利用 ξ^* 和表5－8中的一致性指数得到一致性比值 CR，$CR = \xi^*$/一致性指数。$0 \leqslant CR \leqslant 1$，$CR$ 越靠近0，一致性越强；CR 越靠近1，一致性越弱。本案例中 $CR = 0.2387$，说明具有良好的一致性。

表5－8 一致性指数

a_{BW}	1	2	3	4	5	6	7	8	9
一致性指数	0	0.44	1	1.63	2.3	3	3.73	4.47	5.23

步骤5 计算已分配的概率函数和未分配的概率函数。

利用公式（5－10）计算得到不同准则下各酒店分别属于各个评价等级的程度，即已分配的概率函数。酒店 a_1 分别属于各评价等级的程度见表5－9，其余各酒店的结果不再展示。

表 5-9 酒店 a_1 分别属于各评价等级的程度

准则	H_4	H_3	H_2	H_1	H_0
c_1	0.0321	0.0023	0.0009	0	0
c_2	0.0177	0.009	0.0028	0.0005	0.0003
c_3	0.0342	0.0046	0.0003	0	0
c_4	0.3961	0.021	0.0079	0	0
c_5	0.034	0.0149	0.0005	0	0.0005
c_6	0.0512	0.0041	0	0	0

各酒店未分配的概率函数见表 5-10。

表 5-10 各酒店未分配的概率函数

酒店	$m_{H,1}$	$m_{H,2}$	$m_{H,3}$	$m_{H,4}$	$m_{H,5}$	$m_{H,6}$
a_1	0.9647	0.9697	0.9609	0.5751	0.9502	0.9448
a_2	0.97	0.9732	0.962	0.5932	0.9489	0.9502
a_3	0.9692	0.9769	0.9714	0.5918	0.956	0.956
a_4	0.9619	0.966	0.9588	0.5692	0.9406	0.9397
a_5	0.9657	0.9694	0.9617	0.5593	0.9463	0.9455

步骤 6 计算酒店的置信度。

利用公式（5-12）~公式（5-15）计算酒店 a_i 被分配到评价等级 H_t 的综合置信度，见表 5-11。

表 5-11 酒店 a_i 被分配到评价等级 H_t 的综合置信度

酒店	H_4	H_3	H_2	H_1	H_0
a_1	0.5802	0.043	0.0106	0.0003	0.0004
a_2	0.5363	0.0529	0.0095	0.0037	0
a_3	0.4986	0.0427	0.0199	0.0127	0.0046
a_4	0.5655	0.0705	0.0166	0.0057	0.0056
a_5	0.5507	0.0673	0.0208	0.0091	0.004

步骤 7 计算每家酒店相对各评价等级的近似置信度。

语言转换函数取 $f_1(s_x)$，$\lambda=0.5$，利用公式（5-3）得到酒店 a_i 相对各评价等级的近似综合置信度，见表 5-12。

表 5－12　酒店 a_i 相对各评价等级 H_t 的近似综合置信度

酒店	H_4	H_3	H_2	H_1	H_0
a_1	0.6870	0.1099	0.0750	0.0640	0.0641
a_2	0.6477	0.1273	0.0805	0.0742	0.0703
a_3	0.6129	0.1213	0.0967	0.0889	0.0802
a_4	0.6637	0.1333	0.0755	0.0638	0.0637
a_5	0.6509	0.1324	0.0824	0.0699	0.0644

步骤 8　对酒店进行排序。

根据第 2 章中定义的概率语言术语集的比较规则，可得到每家酒店的得分值：$S(a_1)=0.1646$，$S(a_2)=0.1604$，$S(a_3)=0.1549$，$S(a_4)=0.1635$，$S(a_5)=0.1618$。得到酒店的序列为 $a_1 \succ a_4 \succ a_5 \succ a_2 \succ a_3$。

5.4.2　对比分析

在 5.4.1 小节中，两个决策过程验证了本章在 5.2.2 小节和 5.3.2 小节中所提方法的可行性。为了进一步验证这两种方法的有效性，本小节将对参考文献［180］中提出的扩展 TOPSIS 方法、本章提出的基于加权和证据推理的概率语言多准则决策方法以及基于证据推理和 BWM 的概率语言多准则决策方法进行对比分析。在进行对比分析之前，为保证不同方法所得结果不受权重影响，三种方法中的权重应保持一致，取权重 $\boldsymbol{w}=(0.0662,0.0583,0.0746,0.5954,0.1028,0.1028)$。应用参考文献［180］中提出的方法解决 4.4.1 小节中的问题时，具体决策过程如下。

步骤 1　规范化概率语言决策矩阵。

应用参考文献［180］中的方法对不完备概率语言术语集进行规范化，得到完备概率语言术语集，进而得到完备概率语言决策矩阵。

步骤 2　计算正理想解 $\bar{L}^+$ 与负理想解 $\bar{L}^-$。

根据参考文献［180］中的定义，确定决策过程中参考的正理想解 $\bar{L}^+$ 和负理想解 $\bar{L}^-$：

$$\bar{L}^+=(\{s_{2.0512},s_{0.2235},s_{0.0264},s_{0.0063},s_0\},\{s_{2.1196},s_{0.4626},s_{0.097},s_{0.0088},s_0\},$$

$\{s_{2.0056},s_{0.1851},s_{0.0126},s_{0.0021},s_0\},\{s_{2.6608},s_{0.2394},s_{0.0546},s_{0.0189},s_0\},$

$\{s_{1.416},s_{0.5556},s_{0.088},s_{0.0189},s_0\},\{s_{2.1196},s_{0.1539},s_{0.021},s_{0.0042},s_0\})$

$\bar{L}^- = (\{s_{1.466},s_{0.1056},s_{0.017},s_0,s_0\},\{s_{1.1068},s_{0.1005},s_0,s_0,s_0\},$

$\{s_{1.308},s_{0.132},s_0,s_0,s_0\},\{s_{2.39},s_{0.1056},s_{0.0248},s_0,s_0\},$

$\{s_{0.9812},s_{0.354},s_{0.0088},s_0,s_0\},\{s_{1.4844},s_{0.0372},s_0,s_0,s_0\})$

步骤3 计算各酒店与正理想解 $\bar{L}^+$ 及负理想解 $\bar{L}^-$ 之间的距离。

各酒店与正理想解 $\bar{L}^+$ 之间的距离 $d(a_i,\bar{L}^+)$ 见表5-13。

表5-13 各酒店与正理想解 $\bar{L}^+$ 之间的距离 $d(a_i,\bar{L}^+)$

参数	$a_1,\bar{L}^+$	$a_2,\bar{L}^+$	$a_3,\bar{L}^+$	$a_4,\bar{L}^+$	$a_5,\bar{L}^+$
d	0.0828	0.1107	0.1666	0.0977	0.1043

各酒店与负理想解 $\bar{L}^-$ 之间的距离 $d(a_i,\bar{L}^-)$ 见表5-14。

表5-14 各酒店与负理想解 $\bar{L}^-$ 之间的距离 $d(a_i,\bar{L}^-)$

参数	$a_1,\bar{L}^-$	$a_2,\bar{L}^-$	$a_3,\bar{L}^-$	$a_4,\bar{L}^-$	$a_5,\bar{L}^-$
d	0.1369	0.0953	0.0423	0.1281	0.0985

步骤4 计算各酒店的贴近度系数。

利用参考文献［180］中的公式计算各酒店的贴近度系数 $CI(a_i)$：

$CI(a_1)=0$ $CI(a_2)=-0.6403$ $CI(a_3)=-1.7039$

$CI(a_4)=-0.2442$ $CI(a_5)=-0.5402$

根据各酒店的贴近度系数得到酒店的完全序为 $a_1 \succ a_4 \succ a_5 \succ a_2 \succ a_3$。

综上所述，应用基于加权和证据推理的概率语言多准则决策方法、基于证据推理和BWM的概率语言多准则决策方法以及参考文献［180］中的拓展TOPSIS方法得到酒店排序结果见表5-15。

表5-15 应用三种方法得到的酒店排序结果

方法	排序结果
基于加权和证据推理的概率语言多准则决策方法	$a_1 \succ a_4 \succ a_5 \succ a_2 \succ a_3$
基于证据推理和BWM的概率语言多准则决策方法	$a_1 \succ a_4 \succ a_5 \succ a_2 \succ a_3$
参考文献［180］中的拓展TOPSIS方法	$a_1 \succ a_4 \succ a_5 \succ a_2 \succ a_3$

从上述可知：

（1）在保证权重相等的前提下，三种方法的决策结果完全一致，可验证本章中所提两种方法具有可行性和有效性。但在利用参考文献［180］中的方法进行决策，根据规范后的概率语言评价值计算正理想解和负理想解时，得到的结果为犹豫模糊语言集，则计算正理想解（负理想解）与概率语言评价值之间的距离等同于计算犹豫模糊语言集与概率语言术语集之间的距离，存在逻辑问题，该问题降低了结果的可靠性，而本章中所提两种方法中均不存在该问题。

（2）此外，在利用参考文献［180］中的扩展 TOPSIS 方法进行决策时，需要先对不完备概率语言信息进行规范化处理，再进行决策。而本章中所提两种方法同时保留了不完备概率语言信息中的确定信息与不确定信息，基于证据推理直接对其进行融合处理，在得到酒店的综合评价值后，再对不完备信息进行规范化处理，进而得到酒店的序列。本章中所提两种方法直接利用原始概率值进行决策的做法减少了人为因素对决策结果的影响。

（3）虽然本章中所提两种方法均用于处理不完备概率语言术语集相关问题，但基于加权和证据推理的概率语言多准则决策方法较为简单，在权重已知的情况下，根据权重和评价值，可快速得到融合结果，并根据近似综合置信度得到决策结果。在无任何权重信息时，可根据准则下的评价值的数目得到准则之间的优先关系及优先程度，然后利用基于证据推理和 BWM 的概率语言多准则决策方法进行决策。同时，借助赌博概率，本章在 5.1 节中提出了将不完备概率语言术语集转化为完备概率语言术语集的方法，并加入参数来提高转化方法的灵活性，进而使得本章所提两种方法更加灵活、易于调节。

5.5　本章小结

现有研究中，规范化不完备概率语言术语集是解决不完备概率语言多准则决策问题的首要步骤。本章对不完备概率语言多准则决策问题进行了详细的描述，基于证据理论直接融合不确定信息的思路，提出了基于加权和证据推理的概率语言多准则决策方法以及基于证据推理和 BWM 的概率语言多准则决策方法，在决策过程中，可直接对不完备概率语言术语集进行融合处理，并通过实际案例和对比分析验证了所提方法的可行性与有效性。本章所提两种方法可分别用于处理权重已知和权重未知的不完备概率语言多准则决策问题，具有理论价值及实用价值。

6 基于共识水平测度的概率语言多准则群决策方法

在同一决策问题中，不同决策者关注的因素（准则）难免存在差别，这与决策者所具有的专业背景、学识等存在关系。当决策者较多时，可将对准则具有相同偏好的决策者分为一组，本书称其为决策组。当决策组内的决策者因无法准确衡量某一准则或认为该准则对于决策问题无意义时，会造成该组内的决策者对这一准则全部未做评价，导致评价矩阵中的某些元素缺失，这样的问题就是本章即将研究的概率语言信息残缺的多准则决策问题。

在实际生活中，同样存在不少概率语言信息残缺的多准则决策问题。例如，有些酒店因地理位置较好或者具有明显的特定风格而格外受关注，但也有一些酒店因规模较小或位置受限而使住客较少，导致评价信息规模较小，正因如此，各类决策者的偏好将更加明显。对历史住客按照其偏好进行分类，会发现“商务出行”组关注“位置”是否便利，对酒店的“性价比”不太关注；而“家庭”组则对“性价比”及“舒适度”十分关注，不太关注酒店在“个性化需求”方面所提供的服务。汇总决策者给出的语言评价信息后，得到“商务出行”组对“性价比”准则做出的评价值及“家庭”组对“个性化需求”准则做出的评价值均为概率值之和为 0 的概率语言术语集（即该项评价值不存在），则由概率语言评价信息构成的决策矩阵存在残缺值，这类决策问题称为概率语言信息残缺的多准则决策问题。

现有文献中关于概率语言信息残缺的多准则决策问题的研究极少。这类问题中各决策组的偏好存在差异，为了提高决策可靠性，本章将利用共识水平测度得到相对令人满意的决策结果。本章首先定义了残缺概率语言矩阵之间的距离测度，并构建了计算决策组权重的模型，提出了不同决策情形下的残缺概率语言矩阵联合规范化方法，用以得到各决策组权重和联合规范化后的决策组矩阵。然后，提出基于共识水平测度的概率语言多准则群决策方法，利用实例验证了所提方法的可行性，并进行了详细的参数分析和讨论。最后，对本章研究内容进行了总结。

6.1　残缺概率语言矩阵联合规范化方法及决策组权重计算方法

各组决策者对准则的偏好不同，可能导致各决策组给出的评价信息中缺失的准则不完全相同，从而形成决策组之间互为异构的概率语言决策矩阵。这与现有文献中由多种表达形式的评价信息构成的异构型决策问题[222-226]存在差别。本章涉及的异构概率语言矩阵中的元素均为概率语言术语集，但每个矩阵中缺失元素的位置不同，不便于直接进行距离测度和集结运算。因此，规范化残缺概率语言决策矩阵是解决本章所提决策问题的基础和前提。在着重考察决策者在决定是否选取某一准则进行评价的心理状态的基础上，本章提出了残缺概率语言矩阵联合规范化方法，用于对决策组之间互为异构的概率语言决策矩阵进行规范化处理，进而提出了决策组权重计算方法。

假设决策问题存在 m 个备选方案，构成方案集 $A = \{a_1, a_2, \cdots, a_m\}$，其中，$a_i(i = 1,2,\cdots,m)$ 表示方案集 A 中的第 i 个方案。决策者按照一定条件可以分为 p 个决策组，决策群组用 $GP = \{g_1, g_2, \cdots, g_p\}$ 来表示，其中，g_h 表示第 h 个决策组。决策组权重向量记为 $\boldsymbol{\omega} = (\omega_1, \omega_2, \cdots, \omega_p)$，$\omega_h$ 表示决策组 g_h 的权重，满足 $\omega_h \geqslant 0$，$\sum_{h=1}^{p} \omega_h = 1$。评价过程中所需的准则集用 $C = \{c_1, c_2, \cdots, c_n\}(n \geqslant 2)$ 表示，c_j 为第 j 个准则。第 g_h 组决策者利用语言术语集 $S = \{s_t \mid s_0, s_1, \cdots, s_{2T}\}$ 对备选方案进行评价时，关注的准则集为 $C^{g_h} = \{c_1^{g_h}, c_2^{g_h}, \cdots, c_{n(g_h)}^{g_h}\}(C^{g_h} \subseteq C, 0 < n(g_h) \leqslant n)$，$n(g_h)$ 表示第 g_h 组决策者关注的准则数目。通过统计的方式得到各决策组矩阵 $\boldsymbol{R}^{g_h} = [L_{ij}^{g_h}(p)]_{m \times n(g_h)}$，其中，$L_{ij}^{g_h}(p) = \{s_{ij}^{g_h k_{ij}}(p_{ij}^{g_h k_{ij}})\}$，$p_{ij}^{g_h k_{ij}} > 0$；

$k_{ij}=1,2,\cdots,\#L_{ij}^{g_h}(p)$；$\sum_{k_{ij}=1}^{\#L_{ij}^{g_h}(p)} p_{ij}^{g_h k_{ij}}=1$。由于不同决策组选取的准则可能有所不同，准则集 C 中的准则不一定全部被决策组选取进行评价，某些准则可能未被决策组选取，致使决策组给出的评价信息出现残缺。

例 6－1 存在一个概率语言信息残缺的多准则决策问题，给定方案集 $A=\{a_1,a_2,a_3,a_4\}$、准则集 $C=\{c_1,c_2,c_3,c_4,c_5,c_6\}$ 和决策组 $GP=\{g_1,g_2,g_3\}$。假设 g_1 组决策者关注的准则为 c_1、c_3、c_4 及 c_5，那么根据上述关于准则的描述，可以用 $C^{g_1}=\{c_1^{g_1},c_2^{g_1},c_3^{g_1},c_4^{g_1}\}=\{c_1,c_3,c_4,c_5\}$ 来表示决策组 g_1 关注的准则集。

6.1.1 残缺概率语言矩阵联合规范化方法

本章认为，决策问题中决策者未在某项准则下对方案进行评价是导致残缺概率语言决策矩阵存在的原因，从而导致其给出的决策矩阵中某些准则对应的矩阵元素集体缺失。本小节对准则被选取或未被选取的情形进行了详细分析，考察了决策者在选取准则时的心理状态。特别是在准则未被选取时，从心理角度分析了决策者未选取该项准则进行评价的原因，并将其作为处理残缺概率语言决策矩阵的依据。决策者往往选取自身认为值得考虑的，并且和决策问题有密切关系的准则进行评价；反之，如果某项准则未被决策者选取，则可能是由于决策者认为该项准则与决策问题关系不大，删除该项准则对决策结果的影响很小，甚至为零，抑或决策者无法评价该项准则。因此，决策问题中准则选取与否可以归纳为表 6－1 中的三种情形。

表 6－1 决策问题中准则选取与否的情形

情形	详细描述
情形Ⅰ	决策者未选取某项准则进行评价而导致决策矩阵中该项准则对应的评价值残缺 原因：决策者对该项准则不够了解，无法在该项准则下对备选方案做出评价
情形Ⅱ	决策者未选取某项准则进行评价而导致决策矩阵中该项准则对应的评价值残缺 原因：决策者对该项准则充分了解，认为该项准则对于决策问题而言无关紧要，抑或不适合用于评价决策问题
情形Ⅲ	决策者选取某项准则进行评价，决策矩阵中存在该项准则对应的评价值

决策组 g_h 在准则 c_j 下对方案 a_i 做出的评价值 $L_{ij}^{g_h}(p)$ 属于哪一种情形，取决于在决策组 g_h 看来，准则 c_j 属于表 6－1 中所列的哪一种情形。因此，矩阵元素（或称评价值）$L_{ij}^{g_h}(p)$ 存在以下三种情形。

（1）如果决策矩阵中的某项准则属于情形Ⅰ，则该项准则对应的矩阵元素也属于情形Ⅰ。

原因：如果矩阵元素 $L_{ij}^{g_h}(p)$ 对应的准则属于情形Ⅰ，则该元素也就不会被赋值，从而会导致该矩阵元素不完整。

（2）如果决策矩阵中的某项准则属于情形Ⅱ，则该项准则对应的矩阵元素也属于情形Ⅱ。

原因：情形Ⅱ表示某决策者确信某些准则应被剔除，则决策者不会在这些准则下对方案进行评价。因此，该矩阵元素一定是不完整的，也就不会被赋值。

（3）如果决策矩阵中的某项准则属于情形Ⅲ，则该项准则对应的矩阵元素也属于情形Ⅲ。

例 6－2 存在一个决策问题：包含 3 组决策者（表示为 g_1，g_2，g_3），4 个效益型准则（表示为 c_1，c_2，c_3，c_4）和 3 个备选方案（表示为 a_1，a_2，a_3）。决策者基于语言术语集 $S=\{s_0, s_1, s_2, s_3, s_4\}$ 给出评价信息，其中，s_0＝很糟，s_1＝差，s_2＝一般，s_3＝好，s_4＝非常好。每个决策组给出的评价信息分别见表 6－2～表 6－4。

表 6－2 决策组 g_1 给出的评价信息

方案	c_1	c_2	c_3	c_4
a_1	$\{s_4(0.6), s_2(0.4)\}$	$\{s_4(0.2), s_3(0.5), s_0(0.3)\}$	$\{s_4(0.5), s_3(0.2), s_1(0.3)\}$	
a_2	$\{s_4(0.4), s_3(0.3), s_2(0.3)\}$	$\{s_4(0.3), s_3(0.3), s_2(0.4)\}$	$\{s_4(0.3), s_2(0.5), s_1(0.2)\}$	Ⅱ
a_3	$\{s_4(0.7), s_2(0.3)\}$	$\{s_4(0.4), s_3(0.3), s_2(0.1), s_0(0.2)\}$	$\{s_3(0.1), s_1(0.9)\}$	

表 6－3　决策组 g_2 给出的评价信息

方案	c_1	c_2	c_4	c_3
a_1	$\{s_4(0.4),s_3(0.6)\}$	$\{s_4(0.4),s_3(0.6)\}$	$\{s_4(0.1),s_3(0.6),s_2(0.2),s_0(0.1)\}$	
a_2	$\{s_4(0.5),s_2(0.5)\}$	$\{s_4(0.4),s_2(0.4),s_1(0.2)\}$	$\{s_4(0.2),s_3(0.8)\}$	Ⅰ
a_3	$\{s_4(0.4),s_3(0.2),s_0(0.4)\}$	$\{s_4(0.2),s_3(0.1),s_0(0.7)\}$	$\{s_4(0.4),s_2(0.6)\}$	

表 6－4　决策组 g_3 给出的评价信息

方案	c_1	c_3	c_2	c_4
a_1	$\{s_4(0.1),s_2(0.2),s_0(0.7)\}$	$\{s_4(0.7),s_3(0.1),s_2(0.2)\}$		
a_2	$\{s_4(0.2),s_3(0.5),s_2(0.3)\}$	$\{s_3(0.2),s_1(0.8)\}$	Ⅱ	Ⅰ
a_3	$\{s_3(0.8),s_1(0.2)\}$	$\{s_4(0.9),s_2(0.1)\}$		

结合表 6－2～表 6－4 中的评价信息，整理得到该决策问题中某些准则未被选取的原因，统计结果见表 6－5。

表 6－5　某些准则未被选取的原因统计

情形	g_1	g_2	g_3	
	c_4	c_3	c_2	c_4
Ⅰ		√		√
Ⅱ	√		√	

每个决策组基于其选取的准则集给出评价信息，不同决策组选取的准则可能不尽相同，这样不便于直接测量评价信息之间的距离。本书提出了准则选取与否的三种情形下决策组评价信息的距离测度公式。

定义 6－1　给定两个均属于情形Ⅰ的概率语言术语集 $L_{ij}^{g_{h1}}$ 和 $L_{ij}^{g_{h2}}$。令 $L_{ij}^{g_{h1}-\mathrm{I}}$ 和 $L_{ij}^{g_{h2}-\mathrm{I}}$ 分别表示 $L_{ij}^{g_{h1}}$ 和 $L_{ij}^{g_{h2}}$，则 $L_{ij}^{g_{h1}-\mathrm{I}}$ 和 $L_{ij}^{g_{h2}-\mathrm{I}}$ 之间的距离可定义为：

$$d(L_{ij}^{g_{h1}-\mathrm{I}},L_{ij}^{g_{h2}-\mathrm{I}})=0 \tag{6-1}$$

其中，g_{h1} 与 g_{h2} 为 GP 中两个不同的决策群组，即 g_{h1}，$g_{h2}\in GP$，$h1\neq h2$。

在定义6－1中，评价值$L_{ij}^{g_{h1}-\mathrm{I}}$和$L_{ij}^{g_{h2}-\mathrm{I}}$均属于情形Ⅰ，说明决策组$g_{h1}$和$g_{h2}$中的决策者对决策问题中涉及的准则$c_j$不够了解，无法在该准则下对备选方案做出评价。也就是说，上述两组决策者对于该评价值是否赋值有相同的心理选择行为。因此，评价值$L_{ij}^{g_{h1}-\mathrm{I}}$和$L_{ij}^{g_{h2}-\mathrm{I}}$之间的距离为0。

定义6－2 给定两个概率语言术语集$L_{ij}^{g_{h1}}$和$L_{ij}^{g_{h3}}$，其中，$L_{ij}^{g_{h1}}$属于情形Ⅰ，$L_{ij}^{g_{h3}}$属于情形Ⅱ。用$L_{ij}^{g_{h1}-\mathrm{I}}$和$L_{ij}^{g_{h3}-\mathrm{II}}$分别表示$L_{ij}^{g_{h1}}$和$L_{ij}^{g_{h3}}$，则$L_{ij}^{g_{h1}-\mathrm{I}}$和$L_{ij}^{g_{h3}-\mathrm{II}}$之间的距离可定义为：

$$d(L_{ij}^{g_{h1}-\mathrm{I}},L_{ij}^{g_{h3}-\mathrm{II}})$$
$$=\begin{cases}\rho_{\mathrm{I}-2}^{g_{h1}}\dfrac{1}{N_{\mathrm{I}-2}(h3')}\displaystyle\sum_{n_{\mathrm{I}-2}(h3')=1}^{N_{\mathrm{I}-2}(h3')}d(L_{ij}^{g_{h3}-\mathrm{II}},L_{ij}^{g_{h3'}-\mathrm{III}})+(1-\rho_{\mathrm{I}-2}^{g_{h1}})\times 0, & N_{\mathrm{I}-2}(h3')>0\\ 0, & N_{\mathrm{I}-2}(h3')=0\end{cases}\tag{6-2}$$

其中，g_{h1}与g_{h3}为GP中两个不同的决策群组，$g_{h3'}$为GP中不同于g_{h1}与g_{h3}的任意一个决策群组。$L_{ij}^{g_{h3'}-\mathrm{III}}$属于情形Ⅲ，$N_{\mathrm{I}-2}$（$h3'$）为被选为参考评价值的$L_{ij}^{g_{h3'}-\mathrm{III}}$的个数。$0\leqslant\rho_{\mathrm{I}-2}^{g_{h1}}\leqslant 1$，$\rho_{\mathrm{I}-2}^{g_{h1}}$是心理影响因子，表示决策组$g_{h1}$在$\dfrac{1}{N_{\mathrm{I}-2}(h3')}\displaystyle\sum_{n_{\mathrm{I}-2}(h3')=1}^{N_{\mathrm{I}-2}(h3')}d(L_{ij}^{g_{h1}-\mathrm{I}},L_{ij}^{g_{h3'}-\mathrm{III}})$与0之间的权衡。

定义6－2试图处理以下决策情形：两组决策者对于准则c_j是否应当被选取进行评价存在分歧。决策组g_{h1}对决策问题中涉及的准则c_j不够了解，无法在该准则下对备选方案做出评价，而决策组g_{h3}明确认为应剔除准则c_j。计算$L_{ij}^{g_{h1}-\mathrm{I}}$和$L_{ij}^{g_{h3}-\mathrm{II}}$之间的距离时，决策组$g_{h1}$需要选取参考点去评估其在多大程度上认可$L_{ij}^{g_{h3}-\mathrm{II}}$。这里选取两个参考点，即$\dfrac{1}{N_{\mathrm{I}-2}(h3')}\displaystyle\sum_{n_{\mathrm{I}-2}(h3')=1}^{N_{\mathrm{I}-2}(h3')}d$（$L_{ij}^{g_{h3}-\mathrm{II}}$，$L_{ij}^{g_{h3'}-\mathrm{III}}$）与0。前者计算$L_{ij}^{g_{h3}-\mathrm{II}}$与其他组决策者决策矩阵中该元素对应位置上的已赋值元素之间的平均距离，后者（即0）表示决策组g_{h1}完全认可$L_{ij}^{g_{h3}-\mathrm{II}}$。距离$d$（$L_{ij}^{g_{h3}-\mathrm{II}}$，$L_{ij}^{g_{h3'}-\mathrm{III}}$）见定义6－5。

定义6－3 给定两个概率语言术语集$L_{ij}^{g_{h1}}$和$L_{ij}^{g_{h4}}$，其中，$L_{ij}^{g_{h1}}$属于情形Ⅰ，$L_{ij}^{g_{h4}}$属于情形Ⅲ。用$L_{ij}^{g_{h1}-\mathrm{I}}$和$L_{ij}^{g_{h4}-\mathrm{III}}$分别表示$L_{ij}^{g_{h1}}$和$L_{ij}^{g_{h4}}$，则$L_{ij}^{g_{h1}-\mathrm{I}}$和$L_{ij}^{g_{h4}-\mathrm{III}}$之间

的距离可定义为：

$$d(L_{ij}^{g_{h1}-\mathrm{I}},L_{ij}^{g_{h4}-\mathrm{III}})=$$

$$\begin{cases}\rho_{\mathrm{I}-3}^{g_{h1}}\dfrac{1}{N_{\mathrm{I}-3}(h4')}\sum\limits_{n_{\mathrm{I}-3}(h4')=1}^{N_{\mathrm{I}-3}(h4')}d(L_{ij}^{g_{h4}-\mathrm{III}},L_{ij}^{g_{h4'}-\mathrm{III}})+(1-\rho_{\mathrm{I}-3}^{g_{h1}})\times 0, & N_{\mathrm{I}-3}(h4')>0\\ 0, & N_{\mathrm{I}-3}(h4')=0\end{cases} \tag{6-3}$$

其中，g_{h1}与g_{h4}为GP中两个不同的决策群组，$g_{h4'}$为GP中不同于g_{h1}与g_{h4}的任意一个决策群组。$L_{ij}^{g_{h4'}-\mathrm{III}}$属于情形Ⅲ，$N_{\mathrm{I}-3}$（$h4'$）为被选为参考评价值的$L_{ij}^{g_{h4'}-\mathrm{III}}$的个数。$0\leqslant\rho_{\mathrm{I}-3}^{g_{h1}}\leqslant 1$，$\rho_{\mathrm{I}-3}^{g_{h1}}$为心理影响因子，用于描述和定量计算决策组$g_{h1}$对于$\dfrac{1}{N_{\mathrm{I}-3}(h4')}\sum\limits_{n_{\mathrm{I}-3}(h4')=1}^{N_{\mathrm{I}-3}(h4')}d(L_{ij}^{g_{h4}-\mathrm{III}},L_{ij}^{g_{h4'}-\mathrm{III}})$和0的权衡。

定义6－3试图处理以下决策情形：决策组g_{h1}对于准则c_j不够了解，无法在该准则下对备选方案做出评价，而决策组g_{h4}认为准则c_j应当予以考虑，并对其进行了评价。由于决策组g_{h1}对于准则c_j没有明确的认识，当对$L_{ij}^{g_{h1}-\mathrm{I}}$与$L_{ij}^{g_{h4}-\mathrm{III}}$之间的距离进行测度时，决策组$g_{h1}$需要选取参考点去评估其在多大程度上认可$L_{ij}^{g_{h4}-\mathrm{III}}$的取值。这里选取两个参考点，即$\dfrac{1}{N_{\mathrm{I}-3}(h4')}\sum\limits_{n_{\mathrm{I}-3}(h4')=1}^{N_{\mathrm{I}-3}(h4')}d(L_{ij}^{g_{h4}-\mathrm{III}},L_{ij}^{g_{h4'}-\mathrm{III}})$和0。前者计算$L_{ij}^{g_{h4}-\mathrm{III}}$与其他决策组矩阵中该元素对应位置上的已赋值元素之间的平均距离，后者（即0）表示决策组g_{h1}完全认可$L_{ij}^{g_{h4}-\mathrm{III}}$的取值。

性质6－1　定义6－1中的距离公式（6－1）具有以下性质：

(1) $d(L_{ij}^{g_{h1}-\mathrm{I}},L_{ij}^{g_{h1}-\mathrm{I}})=0$。

(2) $d(L_{ij}^{g_{h1}-\mathrm{I}},L_{j}^{g_{h2}-\mathrm{I}})=d(L_{ij}^{g_{h2}-\mathrm{I}},L_{ij}^{g_{h1}-\mathrm{I}})$。

(3) $0\leqslant d(L_{ij}^{g_{h1}-\mathrm{I}},L_{ij}^{g_{h2}-\mathrm{I}})\leqslant 1$。

(4) $d(L_{ij}^{g_{h1}-\mathrm{I}},L_{ij}^{g_{h2}-\mathrm{I}})\leqslant d(L_{ij}^{g_{h1}-\mathrm{I}},L_{ij}^{g_{h3}-\mathrm{I}})+d(L_{ij}^{g_{h3}-\mathrm{I}},L_{ij}^{g_{h2}-\mathrm{I}})$。

证明：性质6－1中的四条性质明显成立，这里不再赘述。

性质6－2　定义6－3中的距离公式（6－3）具有以下性质：

(1) $d(L_{ij}^{g_{h1}-\mathrm{I}},L_{ij}^{g_{h4}-\mathrm{III}})=d(L_{ij}^{g_{h4}-\mathrm{III}},L_{ij}^{g_{h1}-\mathrm{I}})$；

(2) $0\leqslant d(L_{ij}^{g_{h1}-\mathrm{I}},L_{ij}^{g_{h4}-\mathrm{III}})\leqslant 1$。

证明：性质（1）明显成立，这里不再赘述。

性质（2）：显然，$d(L_{ij}^{g_{h1}-\mathrm{I}},L_{ij}^{g_{h4}-\mathrm{III}})\geqslant 0$。

如果条件Ⅱ满足，则有

$$d(L_{ij}^{g_{h1}-\mathrm{I}},L_{ij}^{g_{h4}-\mathrm{III}})=\rho_{\mathrm{I}\text{-}3}^{g_{h1}}\frac{1}{N_{\mathrm{I}\text{-}3}(h4')}\sum_{n_{\mathrm{I}\text{-}3}(h4')=1}^{N_{\mathrm{I}\text{-}3}(h4')}d(L_{ij}^{g_{h4}-\mathrm{III}},L_{ij}^{g_{h4'}-\mathrm{III}})+(1-\rho_{\mathrm{I}\text{-}3}^{g_{h1}})\times 0$$

由于 $\frac{1}{N_{\mathrm{I}\text{-}3}(h4')}\sum_{n_{\mathrm{I}\text{-}3}(h4')=1}^{N_{\mathrm{I}\text{-}3}(h4')}d(L_{ij}^{g_{h4}-\mathrm{III}},L_{ij}^{g_{h4'}-\mathrm{III}})\leqslant 1$，则有

$$\begin{aligned}
&d(L_{ij}^{g_{h1}-\mathrm{I}},L_{ij}^{g_{h4}-\mathrm{III}})\\
&=\rho_{\mathrm{I}\text{-}3}^{g_{h1}}\frac{1}{N_{\mathrm{I}\text{-}3}(h4')}\sum_{n_{\mathrm{I}\text{-}3}(h4')=1}^{N_{\mathrm{I}\text{-}3}(h4')}d(L_{ij}^{g_{h4}-\mathrm{III}},L_{ij}^{g_{h4'}-\mathrm{III}})+(1-\rho_{\mathrm{I}\text{-}3}^{g_{h1}})\times 0\\
&\leqslant\rho_{\mathrm{I}\text{-}3}^{g_{h1}}+(1-\rho_{\mathrm{I}\text{-}3}^{g_{h1}})\times 0\\
&=\rho_{\mathrm{I}\text{-}3}^{g_{h1}}\leqslant 1
\end{aligned}$$

因此，$0\leqslant d(L_{ij}^{g_{h1}-\mathrm{I}},L_{ij}^{g_{h4}-\mathrm{III}})\leqslant 1$。

如果条件Ⅱ不成立，则有 $d(L_{ij}^{g_{h1}-\mathrm{I}},L_{ij}^{g_{h4}-\mathrm{III}})=0$。

综上，$0\leqslant d(L_{ij}^{g_{h1}-\mathrm{I}},L_{ij}^{g_{h4}-\mathrm{III}})\leqslant 1$ 成立。

定义 6－4　给定两个均属于情形Ⅱ的概率语言术语集 $L_{ij}^{g_{h1}}$ 和 $L_{ij}^{g_{h2}}$。令 $L_{ij}^{g_{h1}-\mathrm{II}}$ 和 $L_{ij}^{g_{h2}-\mathrm{II}}$ 分别表示 $L_{ij}^{g_{h1}}$ 和 $L_{ij}^{g_{h2}}$。$L_{ij}^{g_{h1}-\mathrm{II}}$ 和 $L_{ij}^{g_{h2}-\mathrm{II}}$ 之间的距离可定义为：

$$d(L_{ij}^{g_{h1}-\mathrm{II}},L_{ij}^{g_{h2}-\mathrm{II}})=0 \tag{6-4}$$

其中，g_{h1} 与 g_{h2} 为 GP 中两个不同的决策群组，即 g_{h1}，$g_{h2}\in GP$，$h1\neq h2$。

定义 6－4 中，决策组 g_{h1} 和 g_{h2} 均认为应当剔除准则 c_j。也就是说，上述两组决策者对于该矩阵元素是否应该被赋值有相同的选择。因此，评价值 $L_{ij}^{g_{h1}-\mathrm{II}}$ 和 $L_{ij}^{g_{h2}-\mathrm{II}}$ 之间的距离为 0。

定义 6－5　给定两个概率语言术语集 $L_{ij}^{g_{h1}}$ 和 $L_{ij}^{g_{h3}}$，其中，$L_{ij}^{g_{h1}}$ 属于情形Ⅱ，$L_{ij}^{g_{h3}}$ 属于情形Ⅲ。令 $L_{ij}^{g_{h1}-\mathrm{II}}$ 和 $L_{ij}^{g_{h3}-\mathrm{III}}$ 分别表示 $L_{ij}^{g_{h1}}$ 和 $L_{ij}^{g_{h3}}$。$L_{ij}^{g_{h1}-\mathrm{II}}$ 和 $L_{ij}^{g_{h3}-\mathrm{III}}$ 之间的距离可定义为：

$$d(L_{ij}^{g_{h1}-\mathrm{II}},L_{ij}^{g_{h3}-\mathrm{III}})$$

$$= \begin{cases} \rho_{\text{II}-2}^{g_{h1}} \dfrac{1}{N_{\text{II}-2}(h3')} \sum\limits_{n_{\text{II}-2}(h3')=1}^{N_{\text{II}-2}(h3')} d(L_{ij}^{g_{h3}-\text{III}}, L_{ij}^{g_{h3'}-\text{III}}) + (1 - \rho_{\text{II}-2}^{g_{h1}}) \times 1, & N_{\text{II}-2}(h3') > 0 \\ 1, & N_{\text{II}-2}(h3') = 0 \end{cases} \tag{6-5}$$

其中，g_{h1} 与 g_{h3} 为 GP 中两个不同的决策群组，$g_{h3'}$ 为 GP 中不同于 g_{h1} 与 g_{h3} 的任意一个决策群组。$L_{ij}^{g_{h3'}-\text{III}}$ 属于情形Ⅲ，$N_{\text{II}-2}(h3')$ 为被选为参考评价值的 $L_{ij}^{g_{h3'}-\text{III}}$ 的个数。$0 \leqslant \rho_{\text{II}-2}^{g_{h1}} \leqslant 1$，$\rho_{\text{II}-2}^{g_{h1}}$ 是心理影响因子，用以表示 g_{h1} 组决策者关于 $\dfrac{1}{N_{\text{II}-2}(h3')} \sum\limits_{n_{\text{II}-2}(h3')=1}^{N_{\text{II}-2}(h3')} d(L_{ij}^{g_{h3}-\text{III}}, L_{ij}^{g_{h3'}-\text{III}})$ 与 1 之间的权衡。利用第 2 章提出的距离测度公式计算 $d(L_{ij}^{g_{h3}-\text{III}}, L_{ij}^{g_{h3'}-\text{III}})$。

定义 6 - 5 试图处理以下决策情形：两组决策者对于准则 c_j 是否应当被选取进行评价存在分歧。决策组 g_{h1} 对准则 c_j 有清晰的认识，认为应剔除该准则，而决策组 g_{h3} 则认为准则 c_j 应被考虑并进行评价。计算 $L_{ij}^{g_{h1}-\text{II}}$ 与 $L_{ij}^{g_{h3}-\text{III}}$ 之间的距离时，决策组 g_{h1} 需要选取参考点来评估其在多大程度上认可 $L_{ij}^{g_{h3}-\text{III}}$ 的取值。这里选取两个参考点，即 $\dfrac{1}{N_{\text{II}-2}(h3')} \sum\limits_{n_{\text{II}-2}(h3')=1}^{N_{\text{II}-2}(h3')} d(L_{ij}^{g_{h3}-\text{III}}, L_{ij}^{g_{h3'}-\text{III}})$ 和 1。前者计算 $L_{ij}^{g_{h3}-\text{III}}$ 与其他决策组矩阵中该元素对应位置上的已赋值元素之间的距离，后者（即 1）表示决策组 g_{h1} 完全不认可 $L_{lj}^{g_{h3}-\text{III}}$ 的取值。

性质 6 - 3　定义 6 - 4 中的距离公式（6 - 4）具有以下性质：

(1) $d(L_{ij}^{g_{h1}-\text{II}}, L_{ij}^{g_{h2}-\text{II}}) = 0$。

(2) $d(L_{ij}^{g_{h1}-\text{II}}, L_{ij}^{g_{h2}-\text{II}}) = d(L_{ij}^{g_{h2}-\text{II}}, L_{ij}^{g_{h1}-\text{II}})$。

(3) $0 \leqslant d(L_{ij}^{g_{h1}-\text{II}}, L_{ij}^{g_{h2}-\text{II}}) \leqslant 1$。

(4) $d(L_{ij}^{g_{h1}-\text{II}}, L_{ij}^{g_{h2}-\text{II}}) \leqslant d(L_{ij}^{g_{h1}-\text{II}}, L_{ij}^{g_{h2'}-\text{II}}) + d(L_{ij}^{g_{h2'}-\text{II}}, L_{ij}^{g_{h2}-\text{II}})$。

证明： 因性质 6 - 3 中的所有性质均明显成立，这里不再赘述。

性质 6 - 4　定义 6 - 5 中的距离公式（6 - 5）具有以下性质：

(1) $d(L_{ij}^{g_{h1}-\text{II}}, L_{ij}^{g_{h3}-\text{III}}) = d(L_{ij}^{g_{h3}-\text{III}}, L_{ij}^{g_{h1}-\text{II}})$。

(2) $0 \leqslant d(L_{ij}^{g_{h1}-\text{II}}, L_{ij}^{g_{h3}-\text{III}}) \leqslant 1$。

证明： 性质（1）显然成立，这里不再赘述。

性质（2）：显然，有 $d(L_{ij}^{g_{h1}-\mathrm{II}},L_{ij}^{g_{h3}-\mathrm{III}})\geqslant 0$。

如果条件Ⅲ成立，则有

$$d(L_{ij}^{g_{h1}-\mathrm{II}},L_{ij}^{g_{h3}-\mathrm{III}})$$

$$=\rho_{\mathrm{II}-2}^{g_{h1}}\frac{1}{N_{\mathrm{II}-2}(h3')}\sum_{n_{\mathrm{II}-2}(h3')=1}^{N_{\mathrm{II}-2}(h3')}d(L_{ij}^{g_{h3}-\mathrm{III}},L_{ij}^{g_{h3'}-\mathrm{III}})+(1-\rho_{\mathrm{II}-2}^{g_{h1}})\times 1$$

由于 $\frac{1}{N_{\mathrm{II}-2}(h3')}\sum_{n_{\mathrm{II}-2}(h3')=1}^{N_{\mathrm{II}-2}(h3')}d(L_{ij}^{g_{h3}-\mathrm{III}},L_{ij}^{g_{h3'}-\mathrm{III}})\leqslant 1$，则有

$$\rho_{\mathrm{II}-2}^{g_{h1}}\frac{1}{N_{\mathrm{II}-2}(h3')}\sum_{n_{\mathrm{II}-2}(h3')=1}^{N_{\mathrm{II}-2}(h3')}d(L_{ij}^{g_{h3}-\mathrm{III}},L_{ij}^{g_{h3'}-\mathrm{III}})+(1-\rho_{\mathrm{II}-2}^{g_{h1}})\times 1$$

$$\leqslant\rho_{\mathrm{II}-2}^{g_{h1}}+(1-\rho_{\mathrm{II}-2}^{g_{h1}})\times 1$$

$$=1$$

因此，$0\leqslant d(L_{ij}^{g_{h1}-\mathrm{II}},L_{ij}^{g_{h3}-\mathrm{III}})\leqslant 1$。

如果条件Ⅲ不成立，则 $d(L_{ij}^{g_{h1}-\mathrm{II}},L_{ij}^{g_{h3}-\mathrm{III}})=1$。

综上，$0\leqslant d(L_{ij}^{g_{h1}-\mathrm{II}},L_{ij}^{g_{h3}-\mathrm{III}})\leqslant 1$ 成立。

性质 6－5 定义 6－2 中的距离公式（6－2）具有以下性质：

（1）$d(L_{ij}^{g_{h1}-\mathrm{I}},L_{ij}^{g_{h3}-\mathrm{II}})=d(L_{ij}^{g_{h3}-\mathrm{II}},L_{ij}^{g_{h1}-\mathrm{I}})$。

（2）$0\leqslant d(L_{ij}^{g_{h1}-\mathrm{I}},L_{ij}^{g_{h3}-\mathrm{II}})\leqslant 1$。

证明： 性质（1）显然成立，这里不再赘述。

性质（2）：显然，有 $d(L_{ij}^{g_{h1}-\mathrm{I}},L_{ij}^{g_{h3}-\mathrm{II}})\geqslant 0$。

如果条件Ⅰ成立，则有

$$d(L_{ij}^{g_{h1}-\mathrm{I}},L_{ij}^{g_{h3}-\mathrm{II}})=\rho_{\mathrm{I}-2}^{g_{h1}}\frac{1}{N_{\mathrm{I}-2}(h3')}\sum_{n_{\mathrm{I}-2}(h3')=1}^{N_{\mathrm{I}-2}(h3')}d(L_{ij}^{g_{h3}-\mathrm{II}},L_{ij}^{g_{h3'}-\mathrm{III}})+(1-\rho_{\mathrm{I}-2}^{g_{h1}})\times 0$$

由于 $\frac{1}{N_{\mathrm{I}-2}(h3')}\sum_{n_{\mathrm{I}-2}(h3')=1}^{N_{\mathrm{I}-2}(h3')}d(L_{ij}^{g_{h3}-\mathrm{II}},L_{ij}^{g_{h3'}-\mathrm{III}})\leqslant 1$，则有

$$d(L_{ij}^{g_{h1}-\mathrm{I}},L_{ij}^{g_{h3}-\mathrm{II}})$$

$$=\rho_{\mathrm{I}-2}^{g_{h1}}\frac{1}{N_{\mathrm{I}-2}(h1')}\sum_{n_{\mathrm{I}-2}(h1')=1}^{N_{\mathrm{I}-2}(h1')}d(L_{ij}^{g_{h1}-\mathrm{II}},L_{ij}^{g_{h1'}-\mathrm{III}})+(1-\rho_{\mathrm{I}-2}^{g_{h1}})\times 0$$

$$\leqslant\rho_{\mathrm{I}-2}^{g_{h1}}+(1-\rho_{\mathrm{I}-2}^{g_{h1}})\times 0$$

$$=\rho_{\mathrm{I}-2}^{g_{h1}}\leqslant 1$$

因此，$0 \leqslant d(L_{ij}^{g_{h1}-\text{I}}, L_{ij}^{g_{h3}-\text{II}}) \leqslant 1$。

如果条件Ⅰ不成立，则有 $d(L_{ij}^{g_{h1}-\text{I}}, L_{ij}^{g_{h3}-\text{II}}) = 0$。

综上，$0 \leqslant d(L_{ij}^{g_{h1}-\text{I}}, L_{ij}^{g_{h3}-\text{II}}) \leqslant 1$ 成立。

如果矩阵元素属于情形Ⅲ，则可以通过 3.1 节给出的概率语言距离测度公式测量矩阵元素之间的距离。

例 6－3　这里引用例 6－2 中的数据计算各决策组给出的评价信息之间的距离。

（1）决策组 g_1 和 g_2 给出的评价信息之间的距离为

$$d(R^{g_1}, R^{g_2}) = \frac{1}{3 \times 4} \sum_{i=1}^{3} \sum_{j=1}^{4} d(L_{ij}^{g_1}, L_{ij}^{g_2})$$

$$= \frac{0.175 + 0.1292 + 0.0396 + 1 + 0.0688 + 0.0667 + 0.0396 + 1 + 0.1417 + 0.0396 + 0.0573 + 1}{12}$$

$$= 0.3131$$

（2）决策组 g_1 和 g_3 给出的评价信息之间的距离 $d(R^{g_1}, R^{g_3}) = 0.444$，决策组 g_2 和 g_3 给出的评价信息之间的距离 $d(R^{g_2}, R^{g_3}) = 0.1873$。

例 6－4　极端算例。存在一个决策问题：包含 3 组决策者（表示为 g_{11}，g_{12}，g_{13}），3 个效益型准则（表示为 c_1，c_2，c_3）和 2 个方案（表示为 a_1，a_2）。决策者基于以下语言术语集 $S = \{s_0, s_1, s_2, s_3, s_4\}$ 给出评价信息，其中，s_0 = 很糟，s_1 = 差，s_2 = 一般，s_3 = 好，s_4 = 非常好。每组给出的评价信息见表 6－6～表 6－8。

表 6－6　决策组 g_{11} 给出的评价信息

方案	c_1	c_2	c_3
a_1	Ⅰ	Ⅱ	Ⅰ
a_2	Ⅰ	Ⅱ	Ⅰ

表 6－7　决策组 g_{12} 给出的评价信息

方案	c_1	c_2	c_3
a_1	Ⅱ	Ⅰ	Ⅱ
a_2	Ⅱ	Ⅰ	Ⅱ

表 6-8 决策组 g_{13} 给出的评价信息

方案	c_1	c_2	c_3
a_1	$\{s_2(0.6), s_0(0.4)\}$	$\{s_4(0.3), s_3(0.4), s_2(0.3)\}$	I
a_2	$\{s_2(0.6), s_1(0.4)\}$	$\{s_4(0.3), s_3(0.3), s_0(0.4)\}$	I

心理影响因子统一取 0.5，可以获得如下结果：$d(R^{g_{11}}, R^{g_{12}}) = 0.1667$，$d(R^{g_{11}}, R^{g_{13}}) = 0$ 和 $d(R^{g_{12}}, R^{g_{13}}) = 0.3333$。可以清晰地发现，$g_{11}$ 组和 g_{12} 组决策者给出的评价信息具有同样的外形（即准则 c_1、c_2、c_3 下的评价信息均出现残缺），但它们之间的距离不等于 0。

如表 6-1 所述，情形 I 表示决策者对于决策问题中的某项准则没有清晰的认识，无法给出该项准则的评价值；而情形 Ⅱ 和情形 Ⅲ 表示决策者对于决策问题中某项准则的选取有着明确的认识和判断。因此，准则是否被选取进行评价，取决于认为该项准则属于情形 Ⅱ 和情形 Ⅲ 的决策组的权重大小对比。根据多数原则，准则是否会被选取进行评价由多数态度决定。这里的多数是指对某项准则持相同选取态度的决策组权重大于任何一个持其他选取态度的决策组权重。这样，如果认为某项准则属于情形 Ⅱ 的决策组权重小于认为该项准则属于情形 Ⅲ 的决策组权重，则该项准则最终将被选取并进行评价；而在认为该项准则属于情形 Ⅱ 的决策组给出的评价信息中，该项准则的评价值将是残缺的，需要进行填充。同时，与认为该项准则属于情形 I 的决策组对应的评价值也需要进行填充。为提高决策组之间的共识水平，如果某项准则被判定为属于情形 Ⅲ，可将认为该项准则属于情形 Ⅲ 的决策组评价信息中对应的评价值进行加权集结，获取集结后的评价值，用以填充另外两种情形下评价信息中缺失的评价值。

这样可得到统一后的准则集，记为 $C^{GP} = \{c_1^{GP}, \cdots, c_{n(GP)}^{GP}\}(0 < n(GP) \leqslant n)$，其中，$c_j^{GP}$ 表示准则集 C^{GP} 中的第 j 个准则，$n(GP)$ 是准则集 C^{GP} 中所含准则的个数。由此可以得到统一 gk 准则后的决策组矩阵 $\boldsymbol{UR}^{g_h} = [UL_{ij}^{g_h}(p)]_{m \times n(GP)}$，其中 $UL_{ij}^{g_h}(p) = \{us_{ij}^{g_h k_{ij}}(p_{ij}^{g_h k_{ij}})\}, p_{ij}^{g_h k_{ij}} > 0; k_{ij} = 1, 2, \cdots, \#UL_{ij}^{g_h}(p); \sum_{k_{ij}}^{\#UL_{ij}^{g_h}(p)} p_{ij}^{g_h k_{ij}} = 1$。

6.1.2 决策组权重计算方法

概率语言多准则决策问题一般是在效益型和成本型两种准则下对方案进行评价。效益型准则下的评价值越大，对应方案越优；而成本型准则下的评价值越大，对应方案越差。因此，需要对决策组矩阵进行标准化处理，使所有准则属于同一类型，以保证决策结果的可靠性。利用第 2 章中的概率语言逆运算，规范化处理成本型准则下的决策值。需要指出的是，无须对属于情形 I 和情形 II 的准则进行规范化处理。规范化处理后的决策组矩阵为 $\overline{\boldsymbol{R}}^{g_h}=[\overline{L}_{ij}^{g_h}]_{m\times n}$。

在集结各决策组矩阵获得群体决策矩阵之前，需要确定各决策组的权重。通常，根据多数原则，多数人赞同的评价信息是可以信赖的评价信息。因此，如果一个决策组的评价信息与其他决策组评价信息的差异较大，那么该决策组的评价信息可能就有失偏颇，应该被赋予较小的权重。确定各决策组权重的步骤如下。

步骤 1 计算各决策组给出的评价信息之间的距离。

$$d(\overline{\boldsymbol{R}}^{g_{h1}},\overline{\boldsymbol{R}}^{g_{h2}})=\frac{1}{m\times n}\sum_{i=1}^{m}\sum_{j=1}^{n}d(\overline{L}_{ij}^{g_{h1}}(p),\overline{L}_{ij}^{g_{h2}}(p)) \tag{6-6}$$

其中，$d(\overline{L}_{ij}^{g_{h1}}(p),\overline{L}_{ij}^{g_{h2}}(p))$ 表示准则值 $\overline{L}_{ij}^{g_{h1}}(p)$ 和 $\overline{L}_{ij}^{g_{h2}}(p)$ 之间的距离，可由定义 6-1 ~ 定义 6-5 计算求得。

步骤 2 构建距离矩阵。

距离矩阵记为 $\boldsymbol{D}$，即

$$\boldsymbol{D}=\begin{bmatrix} d(\overline{\boldsymbol{R}}^{g_1},\overline{\boldsymbol{R}}^{g_1}) & d(\overline{\boldsymbol{R}}^{g_1},\overline{\boldsymbol{R}}^{g_2}) & \cdots & d(\overline{\boldsymbol{R}}^{g_1},\overline{\boldsymbol{R}}^{g_p}) \\ d(\overline{\boldsymbol{R}}^{g_2},\overline{\boldsymbol{R}}^{g_1}) & d(\overline{\boldsymbol{R}}^{g_2},\overline{\boldsymbol{R}}^{g_2}) & \cdots & d(\overline{\boldsymbol{R}}^{g_2},\overline{\boldsymbol{R}}^{g_p}) \\ \vdots & \vdots & & \vdots \\ d(\overline{\boldsymbol{R}}^{g_p},\overline{\boldsymbol{R}}^{g_1}) & d(\overline{\boldsymbol{R}}^{g_p},\overline{\boldsymbol{R}}^{g_2}) & \cdots & d(\overline{\boldsymbol{R}}^{g_p},\overline{\boldsymbol{R}}^{g_p}) \end{bmatrix}$$

步骤 3 计算综合距离指数。

集结距离矩阵中的每行元素，距离指数 D^h 计算如下：

$$D^h=\frac{1}{p-1}\sum_{h'=1}^{p}d(\overline{\boldsymbol{R}}^{g_h},\overline{\boldsymbol{R}}^{g_{h'}}) \tag{6-7}$$

步骤 4 计算决策组权重。

$$\omega_h = \frac{(1 - D^h)^2}{\sum_{h=1}^{p}(1 - D^h)^2} \tag{6-8}$$

易知，$0 \leqslant \omega_h \leqslant 1$，$\sum_{h=1}^{p}\omega_h = 1$。决策组权重向量记为 $\boldsymbol{\omega} = (\omega_1, \omega_2, \cdots, \omega_p)^{\mathrm{T}}$。

6.2 方案共识水平测度

群体决策的目标是获得一个所有决策者或者大部分决策者都认可的方案。现实生活中，由于社会经历、专业水平以及利益关注点的不同，人们对同一个决策问题不可避免地会产生不同的看法，从而给出不同的评价信息。因此，需要对每个方案的群体共识水平进行测度，以确定决策者关于各方案的评价信息的差异水平。

集结联合规范化后的各决策组矩阵，得到群体决策矩阵 $\boldsymbol{R}^{GP} = [L_{ij}^{GP}(p)]_{m\times n(GP)}$，$L_{ij}^{GP}(p)$ 表示如下：

$$L_{ij}^{GP}(p) = \sum_{h=1}^{p}\omega_h \bar{L}_{ij}^{g_h}(p) \tag{6-9}$$

其中，$L_{ij}^{GP}(p) = \{s_{ij}^{GPk_{ij}}(p_{ij}^{GPk_{ij}})\}, p_{ij}^{GPk_{ij}} > 0; k_{ij} = 1,2,\cdots,\#L_{ij}^{GP}(p)$；$\sum_{k_{ij}}^{\#L_{ij}^{GP}(p)} p_{ij}^{GPk_{ij}} = 1$。

定义 6-6 决策组关于方案的共识水平。针对方案 a_i，决策组矩阵 $\bar{\boldsymbol{R}}^{g_h}$ 和群体决策矩阵 $\boldsymbol{R}^{GP}$ 的共识水平可计算如下：

$$CL^{g_h}(a_i) = 1 - \sum_{j=1}^{n(GP)} d(\bar{L}_{ij}^{g_h}(p), L_{ij}^{GP}(p)) \tag{6-10}$$

其中，$d(\bar{L}_{ij}^{g_h}(p), L_{ij}^{GP}(p))$ 表示 $\bar{L}_{ij}^{g_h}(p)$ 与 $L_{ij}^{GP}(p)$ 之间的距离，可由公式（3-2）求得。

定义 6-7 针对方案 a_i，群体共识水平定义为：

$$GCL(a_i) = \frac{1}{p}\sum_{h=1}^{p} CL^{g_h}(a_i) \tag{6-11}$$

易知，$0 \leqslant GCL(a_i) \leqslant 1$。$GCL(a_i) = 1$ 表示在各准则下，所有决策组对于方案 a_i 的评价值完全相同；$GCL(a_i)$ 越大，表示各决策组之间关于方案 a_i 的评价值的共识水平越高。对方案群体共识水平进行归一化处理，得到 $\overline{GCL}(a_i)$ $(i=1,2,\cdots,m)$，满足 $\sum_{i=1}^{m}\overline{GCL}(a_i)=1$。

6.3 基于共识水平测度的残缺概率语言多准则群决策方法

基于6.1节提出的残缺矩阵联合规范化方法和6.2节提出的概率语言术语集共识水平测度公式，本节提出基于共识水平测度的概率语言多准则群决策方法，用以解决残缺概率语言多准则群决策问题。

6.3.1 残缺概率语言多准则群决策问题描述

在残缺概率语言多准则决策问题中，通常存在 m 个备选方案，构成方案集 $A=\{a_1,a_2,\cdots,a_m\}$，其中，$a_i(i=1,2,\cdots,m)$ 表示方案集中第 i 个方案。决策者按照一定条件分为 p 组，构成决策组 $GP=\{g_1,g_2,\cdots,g_p\}$，决策组权重向量表示为 $\boldsymbol{\omega}=(\omega_1,\omega_2,\cdots,\omega_p)$，其中，$\omega_h \geqslant 0$，$\sum_{h=1}^{p}\omega_h=1$。在评价过程中，决策者从 n 个不同的方面［即待评价的准则集 $C=\{c_1,c_2,\cdots,c_n\}(n \geqslant 2)$ 中］选取若干准则对方案进行评价，$c_j(j=1,2,\cdots,n)$ 表示准则集 C 中的第 j 个准则。准则权重向量为 $\boldsymbol{w}=(w_1,w_2,\cdots,w_n)$，其中，$w_h \geqslant 0$，$\sum_{j=1}^{n}w_j=1$。第 g_h 组决策者利用语言术语集 $S=\{s_t \mid s_0,s_1,\cdots,s_{2T}\}$ 对备选方案进行评价时，选取的准则集为 $C^{g_h}=\{c_1^{g_h},\cdots,c_{n(g_h)}^{g_h}\}(C^{g_h} \subseteq C, 0<n(g_h) \leqslant n)$，$n(g_h)$ 表示 C^{g_h} 中包含的准则个数。收集并统计在准则集 C^{g_h} 下每组决策者对方案 a_l 的语言评价值，通过统计的方式得到各决策组矩阵 $\boldsymbol{R}^{g_h}=[L_{ij}^{g_h}(p)]_{m \times n(g_h)}$。

6.3.2 基于共识水平测度的残缺概率语言多准则群决策方法的步骤

基于共识水平测度的残缺概率语言多准则群决策方法可分为三个阶段，具体步骤如图 6－1 所示。

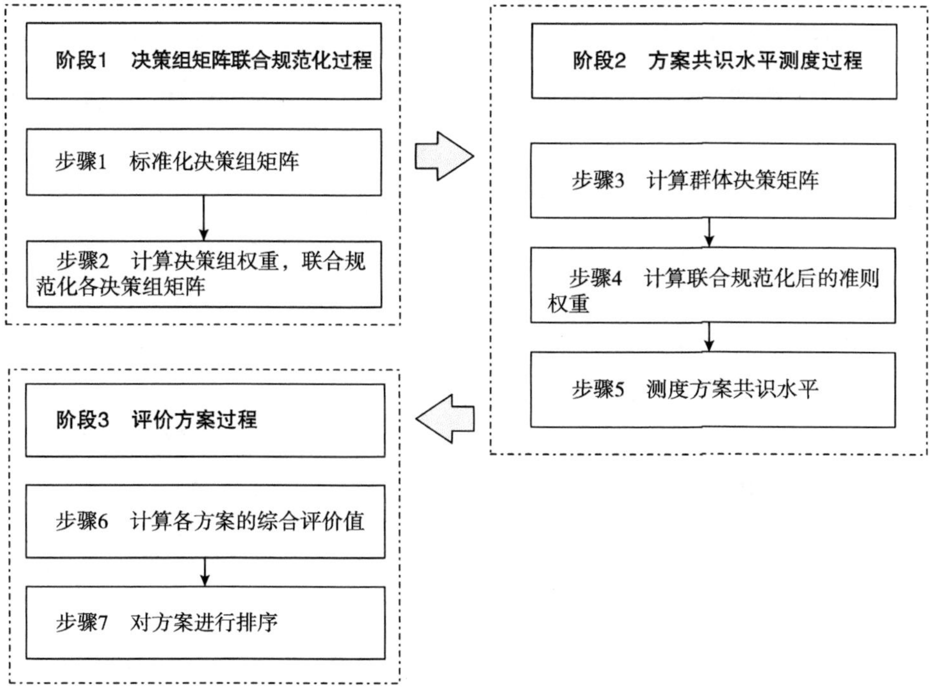

图 6－1 基于共识水平测度的残缺概率语言多准则群决策方法的步骤

阶段 1 决策组矩阵联合规范化过程

步骤 1 标准化决策组矩阵。

利用第 2 章中的概率语言逆运算标准化处理成本型准则下的评价值，标准化后的决策组矩阵为 $\overline{\boldsymbol{R}}^{g_h}(h=1,2,\cdots,p)$。

步骤 2 计算决策组权重，联合规范化各决策组矩阵。

利用 6.1.1 小节提出的残缺矩阵联合规范化方法，得到统一准则后的决策组矩阵 $\boldsymbol{UR}^{g_h}=[UL_{ij}^{g_h}(p)]_{m\times n(GP)}$。利用 6.1.2 小节提出的决策群组权重计算方法，通过测度决策组矩阵之间的距离，得到决策组权重向量 $\boldsymbol{\omega}=(\omega_1,\omega_2,\cdots,\omega_p)$。

阶段 2 方案共识水平测度过程

步骤 3 计算群体决策矩阵。

利用公式（6－9）集结联合规范化后的各决策组矩阵，得到群体决策矩

阵 $\boldsymbol{R}^{GP}=[L_{ij}^{GP}(p)]_{m\times n(GP)}$。

步骤 4 计算联合规范化后的准则权重。

假设统一后的准则 c_j^{GP} 在原准则集中对应的准则为 c_q，令准则 c_j^{GP} 的权重 $w_j^{GP}=w_q$。得到统一后的所有准则的权重，并进行归一化处理：

$$w_j^{GP}=\frac{w_q^{GP}}{\sum_{j=1}^{n(GP)}w_j^{GP}} \tag{6-12}$$

易知，$w_j^{GP}\geqslant 0,\sum_{j=1}^{n(GP)}w_j^{GP}=1$。

步骤 5 测度方案共识水平。

利用公式（6－10）计算决策组关于方案 a_i 的共识水平 $CL^{g_h}(a_i)(h=1,2,\cdots,p)$，然后利用公式（6－11）计算决策群体关于方案 a_i 的共识水平 $GCL(a_i)$。对方案共识水平进行归一化处理，得到归一化后的方案共识水平 $\overline{GCL}(a_i)(i=1,2,\cdots,m)$。

阶段 3　评价方案过程

步骤 6 计算各方案的综合评价值。

利用扩展 TOPSIS 方法计算各方案的贴近度 $CI(a_i)(i=1,2,\cdots,m)$。

定义 6－8 假设针对方案 a_i 的归一化后的群体共识水平为 $\overline{GCL}(a_i)$，那么其综合评价值可计算如下：

$$Z(a_i)=\overline{GCL}(a_i)CI(a_i) \tag{6-13}$$

步骤 7 对方案进行排序。

根据步骤 6 得到的方案综合评价值对所有方案进行排序，方案综合评价值越大，则该方案越优。

6.4 案例分析

在 3.4.1 小节中的案例背景下，根据概率语言信息残缺的决策问题的特征寻找合适的案例。为提高住客的满意度，现对某市酒店进行评估，共有 5 家酒

店 $A=\{a_1,a_2,a_3,a_4,a_5\}$ 参评。在对酒店进行评估时考虑6个准则：c_1，睡眠质量；c_2，位置便利性；c_3，酒店设施与舒适度；c_4，卫生与服务；c_5，满足个性化需要程度；c_6，性价比。对酒店进行评估时，需要收集Tripadvisor网站上以往住客的评论信息并进行处理，住客对酒店进行点评采用的星级用语言术语集 $S=\{s_0=$很糟，$s_1=$差，$s_2=$一般，$s_3=$很好，$s_4=$非常好$\}$ 来表示。为便于处理，按照住客给出评论时选择的类别，将住客分为商旅人士（g_1）、家庭（g_2）、情侣（g_3）、个人（g_4）四种类型。每种类型作为一个组，包含若干属于相同类型的住客。准则权重 $\boldsymbol{w}=(0.0062, 0.0023, 0.0124, 0.7648, 0.1187, 0.0956)$。

6.4.1 决策过程

经过统计处理，各酒店在各个准则下的概率语言评价信息见表6-9~表6-12。根据以上评价信息选择出最优酒店。

表6-9 决策组 g_1 给出的评价信息

酒店	c_1	c_2	c_3	c_4	c_5	c_6
a_1	$\{s_4(0.2),s_2(0.6),s_1(0.2)\}$	$\{s_3(0.2),s_1(0.8)\}$	$\{s_4(0.2),s_3(0.2),s_2(0.2),s_0(0.4)\}$	$\{s_4(0.2),s_2(0.6),s_1(0.2)\}$	Ⅱ	$\{s_4(0.8),s_1(0.2)\}$
a_2	$\{s_4(0.1),s_2(0.2),s_1(0.2),s_0(0.5)\}$	$\{s_3(0.2),s_2(0.3),s_1(0.5)\}$	$\{s_4(0.2),s_3(0.2),s_2(0.2),s_1(0.2),s_0(0.2)\}$	$\{s_3(0.6),s_2(0.2),s_1(0.2)\}$	Ⅱ	$\{s_4(0.2),s_3(0.2),s_2(0.2),s_1(0.2),s_0(0.2)\}$
a_3	$\{s_2(0.8),s_1(0.1),s_0(0.1)\}$	$\{s_3(0.4),s_1(0.6)\}$	$\{s_4(0.2),s_2(0.6),s_1(0.2)\}$	$\{s_2(0.4),s_1(0.6)\}$	Ⅱ	$\{s_1(1)\}$
a_4	$\{s_3(0.5),s_1(0.5)\}$	$\{s_2(1)\}$	$\{s_4(0.2),s_3(0.5),s_1(0.3)\}$	$\{s_4(0.2),s_2(0.6),s_0(0.2)\}$	Ⅱ	$\{s_4(0.2),s_2(0.6),s_0(0.2)\}$
a_5	$\{s_4(0.4),s_0(0.6)\}$	$\{s_3(0.2),s_2(0.5),s_1(0.3)\}$	$\{s_4(0.2),s_1(0.8)\}$	$\{s_3(0.2),s_2(0.6),s_1(0.2)\}$	Ⅱ	$\{s_4(0.6),s_3(0.2),s_1(0.2)\}$

表 6-10　决策组 g_2 给出的评价信息

酒店	c_1	c_2	c_3	c_4	c_5	c_6
a_1	$\{s_4(0.62), s_1(0.34)\}$	$\{s_4(0.18), s_3(0.47), s_0(0.35)\}$	$\{s_3(0.28), s_0(0.72)\}$	$\{s_3(0.68), s_2(0.2), s_1(0.12)\}$	Ⅱ	$\{s_3(0.82), s_2(0.18)\}$
a_2	$\{s_3(0.16), s_2(0.56), s_0(0.28)\}$	$\{s_3(0.36), s_1(0.53), s_0(0.11)\}$	$\{s_4(0.2), s_3(0.2), s_2(0.2), s_1(0.2), s_0(0.2)\}$	$\{s_4(0.55), s_2(0.25), s_1(0.2)\}$	Ⅱ	$\{s_4(0.2), s_3(0.2), s_2(0.2), s_1(0.2), s_0(0.2)\}$
a_3	$\{s_3(0.79), s_2(0.1), s_1(0.11)\}$	$\{s_4(0.19), s_2(0.37), s_0(0.44)\}$	$\{s_4(0.15), s_3(0.51), s_1(0.34)\}$	$\{s_3(0.34), s_1(0.66)\}$	Ⅱ	$\{s_1(0.87), s_0(0.13)\}$
a_4	$\{s_2(0.24), s_1(0.76)\}$	$\{s_2(1)\}$	$\{s_4(0.25), s_3(0.55), s_0(0.2)\}$	$\{s_3(0.2), s_0(0.8)\}$	Ⅱ	$\{s_4(0.28), s_2(0.62), s_0(0.1)\}$
a_5	$\{s_4(0.38)\ s_2(0.62)\}$	$\{s_3(0.15), s_1(0.85)\}$	$\{s_3(0.17), s_2(0.83)\}$	$\{s_2(0.29), s_1(0.71)\}$	Ⅱ	$\{s_4(0.56), s_2(0.44)\}$

表 6-11　决策组 g_3 给出的评价信息

酒店	c_1	c_2	c_3	c_4	c_5	c_6
a_1	Ⅰ	$\{s_3(0.25), s_2(0.75)\}$	$\{s_4(0.2), s_3(0.2), s_2(0.2), s_0(0.4)\}$	$\{s_3(0.6), s_2(0.2), s_1(0.2)\}$	$\{s_4(0.2), s_2(0.6), s_1(0.2)\}$	$\{s_4(0.8), s_1(0.2)\}$
a_2	Ⅰ	$\{s_3(0.27), s_2(0.33), s_0(0.4)\}$	$\{s_4(0.2), s_3(0.2), s_2(0.2), s_1(0.2), s_0(0.2)\}$	$\{s_3(0.6), s_2(0.2), s_1(0.2)\}$	$\{s_4(0.1), s_2(0.2), s_1(0.2), s_0(0.5)\}$	$\{s_4(0.2), s_3(0.2), s_2(0.2), s_1(0.2), s_0(0.2)\}$

续表

酒店	c_1	c_2	c_3	c_4	c_5	c_6
a_3	Ⅰ	$\{s_3(0.45),s_2(0.55)\}$	$\{s_3(0.25),s_2(0.55),s_1(0.2)\}$	$\{s_2(0.45),s_0(0.55)\}$	$\{s_2(0.88),s_1(0.1),s_0(0.02)\}$	$\{s_1(1)\}$
a_4	Ⅰ	$\{s_2(1)\}$	$\{s_4(0.23),s_3(0.5),s_0(0.27)\}$	$\{s_3(0.24),s_2(0.66),s_0(0.1)\}$	$\{s_3(0.5),s_1(0.5)\}$	$\{s_3(0.72),s_1(0.28)\}$
a_5	Ⅰ	$\{s_3(0.22),s_2(0.55),s_0(0.23)\}$	$\{s_3(0.2),s_0(0.8)\}$	$\{s_3(0.25),s_2(0.65),s_1(0.1)\}$	$\{s_3(0.26),s_1(0.74)\}$	$\{s_3(0.66),s_1(0.34)\}$

表 6-12　决策组 g_4 给出的评价信息

酒店	c_1	c_2	c_3	c_4	c_5	c_6
a_1	$\{s_4(0.24),s_3(0.55),s_1(0.21)\}$	$\{s_2(0.18),s_1(0.82)\}$	$\{s_4(0.25),s_3(0.25),s_2(0.25),s_0(0.25)\}$	$\{s_3(0.62),s_1(0.38)\}$	Ⅱ	$\{s_4(0.48),s_2(0.52)\}$
a_2	$\{s_3(0.65),s_2(0.25),s_0(0.1)\}$	$\{s_4(0.35),s_2(0.35),s_1(0.3)\}$	$\{s_4(0.2),s_3(0.2),s_2(0.2),s_1(0.2),s_0(0.2)\}$	$\{s_3(0.68),s_2(0.2),s_1(0.12)\}$	Ⅱ	$\{s_4(0.2),s_3(0.2),s_2(0.2),s_1(0.2),s_0(0.2)\}$
a_3	$\{s_3(0.75),s_1(0.15),s_0(0.1)\}$	$\{s_3(0.47)s_1(0.53)\}$	$\{s_4(0.2),s_3(0.2),s_2(0.2),s_1(0.2),s_0(0.2)\}$	$\{s_2(0.57),s_1(0.43)\}$	Ⅱ	$\{s_3(0.67),s_2(0.33)\}$
a_4	$\{s_4(0.25),s_1(0.75)\}$	$\{s_3(1)\}$	$\{s_4(0.1),s_2(0.55),s_1(0.35)\}$	$\{s_4(0.25),s_2(0.65),s_0(0.1)\}$	Ⅱ	$\{s_4(0.1),s_3(0.75),s_0(0.15)\}$
a_5	$\{s_3(0.25),s_1(0.5),s_0(0.25)\}$	$\{s_3(0.15),s_2(0.5),s_0(0.35)\}$	$\{s_4(0.24),s_2(0.76)\}$	$\{s_4(0.24),s_2(0.43),s_1(0.33)\}$	Ⅱ	$\{s_4(0.56),s_2(0.34),s_0(0.1)\}$

为获得评价结果，需要进行如下步骤。

阶段 1　决策组矩阵联合规范化过程

步骤 1　标准化决策组矩阵。

由于均为效益型准则，故无须对决策组矩阵进行标准化处理，即 $\overline{\boldsymbol{R}}^{g_h} = \boldsymbol{R}^{g_h}(h = 1,2,3,4)$。

步骤 2　计算决策组权重，联合规范化各决策组矩阵。

利用 6.1.1 小节提出的残缺矩阵联合规范化方法对决策组矩阵进行距离测度，利用 6.1.2 小节提出的决策组权重计算方法，得到决策组权重向量为 $\boldsymbol{\omega}^{(0)} = (0.3076, 0.3212, 0.2487, 0.1225)$。

根据表 6－13 中所列统计数据，可以得到统一后的准则集 $A^{GP} = \{a_1^{GP}, a_2^{GP}, a_3^{GP}, a_4^{GP}, a_5^{GP}\} = \{a_1, a_2, a_3, a_4, a_5\}$。

表 6－13　关于准则隶属情况的统计

情形	c_1	c_2	c_3	c_4	c_5	c_6
情形Ⅰ	0.2487	0	0	0	0	0
情形Ⅱ	0	0	0	0	0.7513	0
情形Ⅲ	0.7513	1	1	1	0.2487	1
选取结果	√	√	√	√	×	√

假设各决策组的心理影响因子统一取 0.5。利用 6.1.1 小节提出的残缺矩阵联合规范化方法，对决策组给出的决策矩阵进行处理，得到统一准则后的决策组矩阵 $\boldsymbol{UR}^{g_1}$、$\boldsymbol{UR}^{g_2}$、$\boldsymbol{UR}^{g_3}$ 及 $\boldsymbol{UR}^{g_4}$。

$$\boldsymbol{UR}^{g_1} = \begin{bmatrix} \{s_4(0.2),s_2(0.6),s_1(0.2)\} & \{s_3(0.2),s_1(0.8)\} & \{s_4(0.2),s_3(0.2),s_2(0.2),s_0(0.4)\} & \{s_4(0.2),s_2(0.6),s_1(0.2)\} & \{s_4(0.8),s_1(0.2)\} \\ \{s_4(0.1),s_2(0.2),s_1(0.2),s_0(0.5)\} & \{s_3(0.2),s_2(0.3),s_1(0.5)\} & \{s_4(0.2),s_3(0.2),s_2(0.2),s_1(0.2)s_0(0.2)\} & \{s_3(0.6),s_2(0.2),s_1(0.2)\} & \{s_4(0.2),s_3(0.2),s_2(0.2),s_1(0.2)s_0(0.2)\} \\ \{s_2(0.8),s_1(0.1),s_0(0.1)\} & \{s_3(0.4),s_1(0.6)\} & \{s_4(0.2),s_2(0.6),s_1(0.2)\} & \{s_2(0.4),s_1(0.6)\} & \{s_1(1)\} \\ \{s_3(0.5),s_1(0.5)\} & \{s_2(1)\} & \{s_4(0.2),s_3(0.5),s_1(0.3)\} & \{s_4(0.2),s_2(0.6),s_0(0.2)\} & \{s_4(0.2),s_2(0.6),s_0(0.2)\} \\ \{s_4(0.4),s_0(0.6)\} & \{s_3(0.2),s_2(0.5),s_1(0.3)\} & \{s_4(0.2),s_1(0.8)\} & \{s_3(0.2),s_2(0.6),s_1(0.2)\} & \{s_4(0.6),s_3(0.2),s_1(0.2)\} \end{bmatrix}$$

$\boldsymbol{UR}^{g2}$ =

$$
\begin{bmatrix}
\{s_4(0.62), s_1(0.34)\} & \{s_4(0.18), s_3(0.47), s_0(0.35)\} & \{s_3(0.28), s_0(0.72)\} & \{s_3(0.68), s_2(0.2), s_1(0.12)\} & \{s_3(0.82), s_2(0.18)\} \\
\{s_3(0.16), s_2(0.56), s_0(0.28)\} & \{s_3(0.36), s_1(0.53), s_0(0.11)\} & \{s_4(0.2), s_3(0.2), s_2(0.2), s_1(0.2)\ s_0(0.2)\} & \{s_4(0.55), s_2(0.25), s_1(0.2)\} & \{s_4(0.2), s_3(0.2), s_2(0.2), s_1(0.2)\ s_0(0.2)\} \\
\{s_3(0.79), s_2(0.1), s_1(0.11)\} & \{s_4(0.19), s_2(0.37), s_0(0.44)\} & \{s_4(0.15), s_3(0.51), s_1(0.34)\} & \{s_3(0.34), s_1(0.66)\} & \{s_1(0.87), s_0(0.13)\} \\
\{s_2(0.24), s_1(0.76)\} & \{s_2(1)\} & \{s_4(0.25), s_3(0.55), s_0(0.2)\} & \{s_3(0.2), s_0(0.8)\} & \{s_4(0.28), s_2(0.62), s_0(0.1)\} \\
\{s_4(0.38), s_2(0.62)\} & \{s_3(0.15), s_1(0.85)\} & \{s_3(0.17), s_2(0.83)\} & \{s_2(0.29), s_1(0.71)\} & \{s_4(0.56), s_2(0.44)\}
\end{bmatrix}
$$

$\boldsymbol{UR}^{g3}$ =

$$
\begin{bmatrix}
\{s_4(0.3989), s_3(0.0897), s_2(0.2457), s_1(0.2657)\} & \{s_3(0.25), s_2(0.75)\} & \{s_4(0.2), s_3(0.2), s_2(0.2), s_0(0.4)\} & \{s_3(0.6), s_2(0.2), s_1(0.2)\} & \{s_4(0.8), s_1(0.2)\} \\
\{s_4(0.0409), s_3(0.1744), s_2(0.3621), s_1(0.0819)\ s_0(0.3407)\} & \{s_3(0.27), s_2(0.33)\ s_0(0.4)\} & \{s_4(0.2), s_3(0.2), s_2(0.2), s_1(0.2)\ s_0(0.2)\} & \{s_3(0.6), s_2(0.2), s_1(0.2)\} & \{s_4(0.2), s_3(0.2), s_2(0.2), s_1(0.2)\ s_0(0.2)\} \\
\{s_3(0.4600), s_2(0.3703), s_1(0.1124), s_0(0.0573)\} & \{s_3(0.45), s_2(0.55)\} & \{s_3(0.25), s_2(0.55), s_1(0.2)\} & \{s_2(0.45), s_0(0.55)\} & \{s_1(1)\} \\
\{s_4(0.0408), s_3(0.2047), s_2(0.1026), s_1(0.6519)\} & \{s_2(1)\} & \{s_4(0.23), s_3(0.5), s_0(0.27)\} & \{s_3(0.24), s_2(0.66), s_0(0.1)\} & \{s_3(0.72), s_1(0.28)\} \\
\{s_4(0.3262), s_3(0.0408), s_2(0.2651), s_1(0.0815)\ s_0(0.2864)\} & \{s_3(0.22), s_2(0.55), s_0(0.23)\} & \{s_3(0.2), s_0(0.8)\} & \{s_3(0.25), s_2(0.65)\ s_1(0.1)\} & \{s_3(0.66), s_1(0.34)\}
\end{bmatrix}
$$

$$
UR^{g4}=\begin{bmatrix}
\{s_4(0.24),s_3(0.55),s_1(0.21)\} & \{s_2(0.18),s_1(0.82)\} & \{s_4(0.25),s_3(0.25),s_2(0.25),s_0(0.25)\} & \{s_4(0.62),s_1(0.38)\} & \{s_4(0.48),s_2(0.52)\} \\
\{s_3(0.65),s_2(0.25),s_0(0.1)\} & \{s_4(0.35),s_2(0.35),s_1(0.3)\} & \{s_4(0.2),s_3(0.2),s_2(0.2),s_1(0.2)\ s_0(0.2)\} & \{s_3(0.68),s_2(0.2)\ s_1(0.12)\} & \{s_4(0.2),s_3(0.2),s_2(0.2),s_1(0.2)\ s_0(0.2)\} \\
\{s_3(0.75),s_1(0.15),s_0(0.1)\} & \{s_3(0.47),s_1(0.53)\} & \{s_4(0.2),s_3(0.2),s_2(0.2),s_1(0.2),s_0(0.2)\} & \{s_2(0.57),s_1(0.43)\} & \{s_3(0.67),s_2(0.33)\} \\
\{s_4(0.25),s_1(0.75)\} & \{s_3(1)\} & \{s_4(0.1),s_2(0.55)\ s_1(0.35)\} & \{s_4(0.25),s_2(0.65),s_0(0.1)\} & \{s_4(0.1),s_3(0.75),s_0(0.15)\} \\
\{s_3(0.25),s_1(0.5),s_0(0.25)\} & \{s_3(0.15),s_2(0.5),s_0(0.35)\} & \{s_4(0.24),s_2(0.76)\} & \{s_4(0.24),s_2(0.43),s_1(0.33)\} & \{s_4(0.56),s_2(0.34),s_0(0.1)\}
\end{bmatrix}
$$

阶段 2　酒店共识水平测度过程

步骤 3　计算群体决策矩阵。

集结决策组矩阵 $\overline{\boldsymbol{R}}^{g_h}(h=1,2,3,4)$，得到群体决策矩阵 $\boldsymbol{R}^{GP}$。

$$
\boldsymbol{R}^{GP}=\begin{bmatrix}
\{s_4(0.3989),s_3(0.0897),s_2(0.2457),s_1(0.2657)\} & \{s_4(0.208),s_3(0.0113),s_2(0.2693),s_1(0.2962)\ s_0(0.2152)\} & \{s_4(0.3224),s_3(0.1233),s_2(0.4138),s_0(0.1405)\} & \{s_4(0.0213),s_3(0.2708),s_2(0.2355),s_1(0.4725)\} & \{s_4(0.0019),s_3(0.3143),s_2(0.3315),s_1(0.3523)\} \\
\{s_4(0.0409),s_3(0.1744),s_2(0.3621),s_1(0.0819)\ s_0(0.3407)\} & \{s_4(0.6097),s_3(0.0275),s_2(0.2391),s_1(0.0399)\ s_0(0.0839)\} & \{s_4(0.2517),s_3(0.0388),s_2(0.1108),s_1(0.2176)\ s_0(0.3811)\} & \{s_4(0.4147),s_3(0.0975),s_2(0.2554),s_1(0.2324)\} & \{s_4(0.3853),s_3(0.0302),s_2(0.1712),s_1(0.0412),s_0(0.3720)\} \\
\{s_3(0.4600),s_2(0.3703),s_1(0.1124),s_0(0.0573)\} & \{s_4(0.1709),s_3(0.1486),s_2(0.2981),s_1(0.3097)\ s_0(0.0728)\} & \{s_4(0.2951),s_3(0.3281),s_2(0.046),s_1(0.3308)\} & \{s_3(0.4205),s_2(0.4053),s_1(0.1006),s_0(0.0736)\} & \{s_3(0.0547),s_2(0.2589),s_1(0.1683),s_0(0.5181)\} \\
\{s_4(0.0408),s_3(0.2047),s_2(0.1026),s_1(0.6519)\} & \{s_3(0.4539),s_2(0.4375)\ s_1(0.1086)\} & \{s_4(0.1389),s_3(0.573),s_2(0.0258),s_1(0.2247)\ s_0(0.0375)\} & \{s_4(0.0235),s_3(0.231),s_2(0.3391),s_0(0.4065)\} & \{s_4(0.0861),s_3(0.3435),s_2(0.0573),s_1(0.3106)\ s_0(0.2025)\} \\
\{s_4(0.3262),s_3(0.0408),s_2(0.2651),s_1(0.0815)\ s_0(0.2864)\} & \{s_4(0.0621),s_3(0.2599),s_2(0.5005),s_1(0.1775)\} & \{s_4(0.0337),s_3(0.2857),s_2(0.241),s_1(0.11)\ s_0(0.3296)\} & \{s_3(0.2606),s_2(0.1254)\ s_1(0.6140)\} & \{s_4(0.1664),s_3(0.2826),s_2(0.0886),s_1(0.3219)\ s_0(0.1406)\}
\end{bmatrix}
$$

步骤4 计算联合规范化后的准则权重。

利用公式（6－12）计算得到统一后的所有准则的权重向量 $\boldsymbol{\omega}^{GP}$ = (0.2500,0.1250,0.3750,0.1250,0.1250)。

步骤5 测度酒店共识水平。

利用公式（6－10）计算各决策组关于各酒店的共识水平：

$CL^{g_1}(a_1)=0.7889$，$CL^{g_1}(a_2)=0.6831$，$CL^{g_1}(a_3)=0.6245$，

$CL^{g_1}(a_4)=0.5802$，$CL^{g_1}(a_5)=0.6374$；

$CL^{g_2}(a_1)=0.7647$，$CL^{g_2}(a_2)=0.5672$，$CL^{g_2}(a_3)=0.6238$，

$CL^{g_2}(a_4)=0.5393$，$CL^{g_2}(a_5)=0.7682$；

$CL^{g_3}(a_1)=0.5534$，$CL^{g_3}(a_2)=0.6738$，$CL^{g_3}(a_3)=0.5932$，

$CL^{g_3}(a_4)=0.4532$，$CL^{g_3}(a_5)=0.5734$；

$CL^{g_4}(a_1)=0.6302$，$CL^{g_4}(a_2)=0.5637$，$CL^{g_4}(a_3)=0.5012$，

$CL^{g_4}(a_4)=0.5440$，$CL^{g_4}(a_5)=0.6579$。

利用公式（6－11）计算决策群体关于各酒店的共识水平：$GCL(a_1)$ = 0.6843，$GCL(a_2)=0.6220$，$GCL(a_3)=0.5857$，$GCL(a_4)=0.5292$，$GCL(a_5)$ = 0.6592。进行归一化处理，得到 $\overline{GCL}(a_1)=0.2221$，$\overline{GCL}(a_2)=0.2019$，$\overline{GCL}(a_3)=0.1901$，$\overline{GCL}(a_4)=0.1718$，$\overline{GCL}(a_5)=0.2140$。

阶段3 酒店评价过程

步骤6 对酒店进行排序。

利用扩展 TOPSIS 方法计算各酒店的贴近度：

$CI(a_1)=0.5023$　$CI(a_2)=0.6290$　$CI(a_3)=0.4581$

$CI(a_4)=0.4149$　$CI(a_5)=0.3594$

利用公式（6－13）计算各酒店的综合评价值：

$Z(a_1)=0.1116$　$Z(a_2)=0.1270$　$Z(a_3)=0.0871$

$Z(a_4)=0.0713$　$Z(a_5)=0.0769$

因此，可以得到酒店排序 $a_2 > a_1 > a_3 > a_5 > a_4$，可知酒店 a_2 为最优酒店。

6.4.2 参数分析与对比分析

6.4.1 小节通过实例验证了 6.1 节和 6.2 节所提方法的可行性。为了更好地理解所提方法在概率语言多准则决策问题中的应用，本小节进一步分析了残缺概率语言矩阵联合规范化方法，并对 6.2 节所提酒店共识水平测度和 6.3 节

中提出的酒店综合评价值的概念进行了讨论分析。

1. 残缺概率语言矩阵联合规范化方法的进一步分析

决策者提供的心理影响因子在残缺概率语言矩阵联合规范化过程中起着极为重要的作用。这里讨论当心理影响因子发生变化时，决策组权重的变化情况。表6－14列举了四组决策组心理影响因子取值。

表6－14　决策组心理影响因子取值

子表P1　心理影响因子取值表

因子	g_1	g_2	g_3	g_4
$\rho_{\mathrm{I}-2}^{g_h}$	0.5	0.5	0.5	0.5
$\rho_{\mathrm{I}-3}^{g_h}$	0.5	0.5	0.5	0.5
$\rho_{\mathrm{II}-2}^{g_h}$	0.5	0.5	0.5	0.5

子表P3　心理影响因子取值表

因子	g_1	g_2	g_3	g_4
$\rho_{\mathrm{I}-2}^{g_h}$	1.0	1.0	1.0	1.0
$\rho_{\mathrm{I}-3}^{g_h}$	1.0	1.0	1.0	1.0
$\rho_{\mathrm{II}-2}^{g_h}$	1.0	1.0	1.0	1.0

子表P2　心理影响因子取值表

因子	g_1	g_2	g_3	g_4
$\rho_{\mathrm{I}-2}^{g_h}$	0.0	0.0	0.0	0.0
$\rho_{\mathrm{I}-3}^{g_h}$	0.0	0.0	0.0	0.0
$\rho_{\mathrm{II}-2}^{g_h}$	0.0	0.0	0.0	0.0

子表P4　心理影响因子取值表

因子	g_1	g_2	g_3	g_4
$\rho_{\mathrm{I}-2}^{g_h}$	0.3	0.1	0.3	0.8
$\rho_{\mathrm{I}-3}^{g_h}$	0.6	0.1	0.6	0.6
$\rho_{\mathrm{II}-2}^{g_h}$	0.2	0.7	0.2	0.2

根据图6－2所示决策组权重分布，可以得到如下结论：决策组给出的心理影响因子取值不同，计算得到的决策组权重可能也会不同。

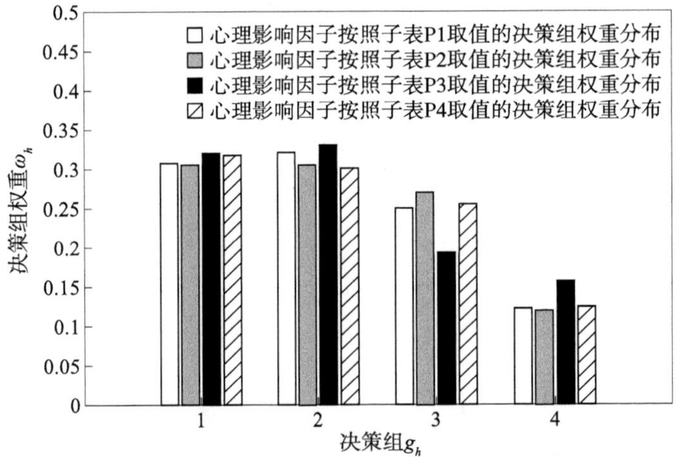

图6－2　心理影响因子取值不同时的决策组权重分布

原因在于：如果决策组对决策问题中的某项准则没有准确的了解，其有可能无法对该项准则进行评价（也就是说，该项准则属于情形Ⅰ）。在测度该项准则对应的矩阵元素与其他决策组矩阵中对应的矩阵元素之间的距离时，无法评价该项准则的决策组需要选取多个参考点，在参考点之间进行权衡。例如，在6.4.1小节所列案例中，决策组 g_3 对准则 c_1 没有准确的了解，未对该项准则进行评价（即在决策组 g_3 看来，准则 c_1 属于情形Ⅰ）；决策组 g_4 对准则 c_1 进行了评价（即在决策组 g_4 看来，准则 c_1 属于情形Ⅲ）。当计算 $d(\bar{L}_{11}^{g_3}(p),\bar{L}_{11}^{g_4}(p))$ 时，$\rho_{\mathrm{I}-3}^{g_3}=0$ 表示决策组 g_3 完全认可 $\bar{L}_{11}^{g_4}(p)$ 的取值，所以有 $d(\bar{L}_{11}^{g_3}(p),\bar{L}_{11}^{g_4}(p))=0$；$\rho_{\mathrm{I}-3}^{g_3}=1$ 表示决策组 g_3 在计算 $r_{11}^{g_3}$ 与 $r_{11}^{g_4}$ 的距离时完全依赖于 $\bar{L}_{11}^{g_4}(p)$ 与 $\bar{L}_{11}^{g_1}(p)$ 和 $\bar{L}_{11}^{g_2}(p)$ 的距离的平均值，有 $d(\bar{L}_{11}^{g_3}(p),\bar{L}_{11}^{g_4}(p))=0.2318$。由于决策组 g_3 在参考点之间的权衡不同，计算 $d(\bar{L}_{11}^{g_3}(p),\bar{L}_{11}^{g_4}(p))$ 时就有可能得到不一样的值。

2. 考虑共识水平与未考虑共识水平的酒店排序差异

根据6.4.1小节所列案例，可以看出，如果仅利用扩展TOPSIS方法计算各酒店的贴近度，得到的酒店排序为 $a_2>a_1>a_3>a_4>a_5$；如果仅按照酒店共识水平，得到的酒店排序为 $a_1>a_5>a_2>a_3>a_4$；如果利用公式（6-13）计算各酒店的综合评价值，得到的酒店排序为 $a_2>a_1>a_3>a_5>a_4$。可以发现，采用不同的方法对酒店进行排序，会出现差异。

出现酒店排序差异的原因在于：利用扩展TOPSIS方法计算各酒店的贴近度，是依赖于决策者对酒店给出的评价值；而计算酒店共识水平，则侧重于考察决策者对于酒店评价值的差异程度，以数学表征酒店的可靠性；利用公式（6-13）计算各酒店的综合评价值，则综合考虑了酒店的评价值和共识水平。

6.5 本章小结

本章对概率语言信息残缺的多准则决策问题进行了详细的描述，基于共识水平测度，提出了全新的残缺矩阵联合规范化方法，详细描述了准则选取与否的三种情形，旨在通过考察决策者关于决策问题中的准则是否被选取并进行评价的心理态度，对决策组的决策矩阵进行联合规范化，并获得决策组权重。在方案排序中，用方案综合评价值的概念替代传统的仅依赖于方案本身的评价值，同时考虑了对方案评价值的共识水平，能够使决策者得到更准确、更全面的方案排序结果。最终，通过实际案例和参数分析验证了所提方法的可行性和有效性，说明基于共识水平测度的概率语言多准则群决策方法具有理论价值及实用价值。

7 总结与展望

本书对概率语言术语集进行了系统的研究，根据实际决策问题的需要，定义了概率语言术语集的运算规则、比较规则、距离测度、随机占优规则及随机占优度等，并在此基础上，分别提出了基于距离测度、随机占优度、证据推理的概率语言多准则决策方法以及基于共识水平测度的概率语言多准则群决策方法。其中，基于距离测度和随机占优度的概率语言多准则决策方法用于从不同角度解决完备概率语言决策问题，基于证据推理的概率语言多准则决策方法用于解决不完备概率语言决策问题，基于共识水平测度的概率语言多准则群决策方法可解决概率语言信息残缺的决策问题。不同决策方法适用的决策问题见表 7－1。

表 7－1　不同决策方法适用的决策问题

决策方法	适用的决策问题	章节
基于距离测度的概率语言 MABAC 方法	准则权重已知、评价值为完备概率语言术语集的决策问题	第 3 章
基于距离测度的概率语言 VIKOR 方法	准则权重未知但准则优先关系已知、评价值为完备概率语言术语集，同时考虑折衷方案的决策问题	
基于随机占优度的概率语言 PROMETHEE 方法	准则权重已知、评价值为完备概率语言术语集，且各评价值之间存在占优关系的决策问题	第 4 章
基于 SMAA 和随机占优度的概率语言多准则决策方法	准则权重未知且无权重约束条件或约束条件较少、评价值为完备概率语言术语集的决策问题	

续表

决策方法	适用的决策问题	章节
基于加权和证据推理的概率语言多准则决策方法	准则权重已知、评价值为不完备概率语言术语集的决策问题	第5章
基于证据推理和BWM的概率语言多准则决策方法	无任何准则权重信息、评价值为不完备概率语言术语集的决策问题	
基于共识水平测度的概率语言多准则群决策方法	存在多个决策组，决策组的权重未知，准则权重已知，但完备概率语言评价信息构成的决策矩阵存在残缺值的决策问题	第6章

本章将总结前6章中所做的研究工作及研究过程中取得的成果，同时，对基于本书研究成果可进行的扩展研究也进行了讨论，对未来研究进行了展望。

7.1 主要工作和研究成果

本书对概率语言多准则决策方法进行了系统深入的研究，所做的主要工作和已取得的研究成果总结如下。

(1) 定义了新的概率语言术语集的运算规则、记分函数、精确函数及比较规则。利用现有运算规则得到的结果为语言术语集，而基于新的运算规则产生的结果仍为概率语言术语集，避免了利用现有运算规则处理多个概率语言术语集过程中出现的语言术语集与概率语言术语集直接运算的不合理情况。同时，新的比较规则解决了因下标与概率值相乘导致的大量概率语言术语集相等的问题，利用新的运算规则和比较规则对概率语言术语集进行运算及排序时可得到更为合理的结果。

(2) 定义了新的概率语言术语集的距离测度，讨论并证明了该距离测度所具有的性质。可利用该距离测度直接计算任意两个概率语言术语集之间的距离，省去了当概率语言术语集中的语言项个数不等时需调整至相等的过程，在保证结果合理的前提下简化了计算过程。此外，距离测度引入参数后，灵活性显著加强。

（3）将概率语言术语集转化为累积分布函数，利用累积分布函数定义了新的概率语言一阶随机占优准则、二阶随机占优准则及三阶随机占优准则，并论证了三类概率语言随机占优准则的性质。因概率语言随机占优准则无法衡量占优程度，随后定义了概率语言随机占优度，并说明了其具有的性质。概率语言随机占优准则及随机占优度从另一个角度衡量了两个概率语言术语集之间的差异，丰富了概率语言术语集的基础理论。

（4）针对完备概率语言决策问题，在准则权重完全已知时，提出了基于距离测度的概率语言 MABAC 方法；在已知准则优先关系时，首先基于优先算子提出了权重计算方法，在此基础上，提出了基于距离测度的概率语言 VIKOR 方法。概率语言 MABAC 方法简单易懂，易于处理较为简单的问题，同时又可保证结果的有效性；概率语言 VIKOR 方法同时考虑群体效用值和个体后悔值，可得到方案的折衷评价值，决策者可根据自己的偏好设置折衷系数来得到最优方案，也可根据条件对决策结果进行验证，在不能确定最优方案时，得到折衷方案，在实际问题中具有较强的灵活性。

（5）在权重已知时，提出了基于随机占优度的概率语言 PROMETHEE 方法，利用概率语言随机占优准则及随机占优度得到每个准则下的随机占优度后，利用 PROMETHEE 方法得到方案的完全序，计算过程简单明了，结果有效且可靠；在权重未知时，受 SMAA 可以通过搜索权重向量空间找到最优权重向量的启发，提出了基于 SMAA 和随机占优度的概率语言多准则决策方法，决策结果表明，随着满足约束条件的随机权重组数的增加，决策结果趋于稳定，在实际应用中，可辅助决策者做出正确的决策。

（6）针对不完备概率语言决策问题，从直接处理原始数据的角度出发，提出了基于加权和证据推理的概率语言多准则决策方法以及基于证据推理和 BWM 的概率语言多准则决策方法。基于加权和证据推理的概率语言多准则决策方法中加入了调节参数，增加了未知信度分配到评价等级的灵活性，决策者可根据实际情况及自己的偏好得到相应的决策结果。基于证据推理和 BWM 的概率语言多准则决策方法中，决策者仅需确定最优准则与最劣准则以及最优准则（最劣准则）优于（劣于）其他准则的程度，在实际问题中，降低了决策者分配的准则权重对决策结果的影响程度，使得决策结果更加客观。

(7) 针对概率语言决策矩阵中存在残缺的决策问题，定义了三种决策情形下残缺矩阵之间的距离测度，提出了残缺矩阵联合规范化方法及群组权重计算方法，进而提出了基于共识水平测度的概率语言多准则群决策方法。所提方法考虑了决策者选取准则时的心理状态，分析了准则缺失导致决策矩阵元素缺失的原因以及可能存在的差异，避免了直接集结异构评价矩阵造成信息失真的情况。在方案选择过程中，对各方案进行共识水平测度，提出了方案综合评价值的概念，以获得更科学准确的决策结果。这样不仅考虑了方案本身的评价值，更重要的是将决策者对方案评价的共识水平也纳入了评估范畴。

(8) 对概率语言多准则决策问题进行了描述，结合酒店评估方面的案例背景，利用 Tripadvisor 网站中的酒店评论信息，说明了获取不同形式的概率语言术语集的过程，并应用 Tripadvisor 网站产生的不同形式的概率语言信息对本书所提方法进行案例分析和对比分析，由此说明了基于概率语言信息的多准则决策方法在实际决策问题中的可行性与有效性。

7.2 展　望

在对概率语言多准则决策方法进行系统且深入的研究后，本书取得了一些具有理论及应用价值的成果，但未来仍有一些问题值得进一步研究。

(1) 本书案例中，评价对象均为 5 家酒店，调整参数及语言转换函数时，决策结果较为稳定。随着决策问题中酒店数目的增多，本书所提决策方法的运算成本随之加大，决策结果可能也不够稳定。因此，需要进一步研究备选方案较多同时涉及准则也较多的复杂决策问题，提出能够解决此类问题的决策方法。

(2) 针对不完备概率语言决策信息，为保证原始数据的可靠性，在对这类信息进行直接融合后，再对综合概率语言评价信息进行补全。未来的研究可探讨不同的补全方法，不同补全方法的意义及其对结果的影响也有待进一步的研究。同时，利用随机决策的理论方法解决不完备概率语言决策问题也是值得研究的课题。

（3）本书考虑的准则均为相互独立的准则，但在实际问题中，不同的准则之间可能存在一定关联性，同时，不同准则对之间的关联程度也可能不同，需要进一步提出考虑准则关联度的方法，进而更加全面地考虑实际决策问题中的条件，提出相应的决策方法，辅助实际决策。

（4）本书针对残缺概率语言决策问题，通过考察决策者选取准则进行评价时的心理状态，提出了残缺矩阵联合规范化方法。将决策者对方案的共识水平作为方案排序的考虑因素，以期获得更科学、准确的决策结果。

未来研究中，可从以下两个方面进行扩展和探究：①本书是以决策者采用统一语言标度术语集给出评价信息为前提，未来可考虑决策者以不同语言标度术语集给出评价信息的决策场景；②本书提出的基于共识水平测度的概率语言多准则群决策方法，可以应用于煤矿安全评估、水资源评估以及大型工程建设项目决策中。

参考文献

[1] ANANDA J, HERATH G. Multi-attribute preference modelling and regional land-use planning [J]. Ecological Economics, 2008, 65 (2): 325 - 335.

[2] USTINOVICHIUS L, BARVIDAS A, VISHNEVSKAJA A, et al. Multicriteria verbal analysis of territory planning system's models from legislative perspective [J]. Journal of Civil Engineering and Management, 2011, 17 (1): 16 - 26.

[3] SHEVCHENKO G, USTINOVICHIUS L, ANDRUŠKEVIĈIUS A. Multi-attribute analysis of investments risk alternatives in construction [J]. Technological and economic development of economy, 2008, 14 (3): 428 - 443.

[4] ACZÉL J, SAATY T L. Procedures for synthesizing ratio judgements [J]. Journal of Mathematical Psychology, 1983, 27 (1): 93 - 102.

[5] XU Z S. On consistency of the weighted geometric mean complex judgement matrix in AHP [J]. European Journal of Operational Research, 2000, 126 (3): 683 - 687.

[6] TORRA V. The weighted OWA operator [J]. International Journal of Intelligent Systems, 1998, 12 (2): 153 - 166.

[7] LIU X W. Some properties of the weighted OWA operator [J]. IEEE Transactions on Systems, Man, and Cybernetics, Part B (Cybernetics), 2006, 36 (1): 118 - 127.

[8] YAGER R R. On ordered weighted averaging aggregation operators in multicriteria decisionmaking [J]. IEEE Transactions on Systems, Man, and Cybernetics, 1988, 18 (1): 183 - 190.

[9] YAGER R R, FILEV D P. Induced ordered weighted averaging operators [J]. IEEE Transactions on Systems, Man, and Cybernetics, Part B (Cybernetics), 1999, 29 (2): 141 - 150.

[10] MERIGO J M, GIL-LAFUENTE A M. The induced generalized OWA operator [J]. Information Sciences, 2009, 179 (6): 729 - 741.

[11] ZHANG Z M. Hesitant fuzzy power aggregation operators and their application to multiple attribute group decision making [J]. Information Sciences, 2013, 234 (10): 150 - 181.

[12] CHEN T Y. A prioritized aggregation operator-based approach to multiple criteria decision making using interval-valued intuitionistic fuzzy sets: A comparative perspective [J]. Information Sciences, 2014, 281: 97 - 112.

[13] JU Y B, LIU X Y, WANG A H. Some new Shapley 2-tuple linguistic Choquet aggregation operators and their applications to multiple attribute group decision making [J]. Soft Computing, 2016, 20 (10): 4037 - 4053.

[14] HE Y D, HE Z, CHEN H Y. Intuitionistic fuzzy interaction Bonferroni means and its application to multiple attribute decision making [J]. IEEE Transactions on Cybernetics, 2015, 45 (1): 116 - 128.

[15] LI Y H, LIU P D, CHEN Y B. Some single valued neutrosophic number Heronian mean operators and their application in multiple attribute group decision making [J]. Informatica, 2016, 27 (1): 85 - 110.

[16] YAGER R R. The power average operator [J]. IEEE Transactions on Systems, Man, and Cybernetics-Part A: Systems and Humans, 2001, 31 (6): 724 - 731.

[17] YAGER R R. Prioritized aggregation operators [J]. International Journal of Approximate Reasoning, 2008, 48 (1): 263 - 274.

[18] ZHU C X, ZHU L, ZHANG X Z. Linguistic hesitant fuzzy power aggregation operators and their applications in multiple attribute decision-making [J]. Information Sciences, 2016, 367: 809 - 826.

[19] YU Q, HOU F J, ZHAI Y B, et al. Some hesitant fuzzy Einstein aggregation operators and their application to multiple attribute group decision making [J]. International Journal of Intelligent Systems, 2016, 31 (7): 722 - 746.

[20] LIU P D, TANG G L. Some power generalized aggregation operators based on the interval neutrosophic sets and their application to decision making [J]. Journal of Intelligent & Fuzzy Systems, 2016, 30 (5): 2517 - 2528.

[21] JOSHI D, KUMAR S. Interval-valued intuitionistic hesitant fuzzy Choquet integral based TOPSIS method for multi-criteria group decision making [J]. European Journal of Operational Research, 2016, 248 (1): 183 - 191.

[22] ZHANG Z M. Geometric Bonferroni means of interval-valued intuitionistic fuzzy numbers and

their application to multiple attribute group decision making [J]. Neural Computing and Applications, 2018 (11): 1139 - 1154.

[23] YU D J. Intuitionistic fuzzy geometric Heronian mean aggregation operators [J]. Applied Soft Computing, 2013, 13 (2): 1235 - 1246.

[24] LIU P D, LI H G. Interval-valued intuitionistic fuzzy power Bonferroni aggregation operators and their application to group decision making [J]. Cognitive Computation, 2017, 9 (4): 494 - 512.

[25] JI P, WANG J Q, ZHANG H Y. Frank prioritized Bonferroni mean operator with single-valued neutrosophic sets and its application in selecting third-party logistics providers [J]. Neural Computing and Applications, 2018 (3): 799 - 823.

[26] WANG C, QU A J. Entropy, similarity measure and distance measure of vague soft sets and their relations [J]. Information Sciences, 2013, 244: 92 - 106.

[27] CROUZET J F. Multi-dimensional fuzzy transform and projection [J]. Fuzzy Sets and Systems, 2017, 307: 83 - 98.

[28] ZHANG Z M. Multi-criteria decision-making using interval-valued hesitant fuzzy QUALIFLEX methods based on a likelihood-based comparison approach [J]. Neural Computing & Applications, 2017, 28 (7): 1835 - 1854.

[29] LIAO H C, XU Z S, ZENG X J. Distance and similarity measures for hesitant fuzzy linguistic term sets and their application in multi-criteria decision making [J]. Information Sciences, 2014, 271: 125 - 142.

[30] CHEN S M, CHANG C H. A novel similarity measure between Atanassov's intuitionistic fuzzy sets based on transformation techniques with applications to pattern recognition [J]. Information Sciences, 2015, 291: 96 - 114.

[31] ZADEH L A. Probability measures of Fuzzy events [J]. Journal of Mathematical Analysis and Applications, 1968, 23 (2): 421 - 427.

[32] DE LUCA A, TERMINI S. A definition of a nonprobabilistic entropy in the setting of fuzzy sets theory [J]. Information and Control, 1972, 20 (4): 301 - 312.

[33] LIU X C. Entropy, distance measure and similarity measure of fuzzy sets and their relations [J]. Fuzzy Sets and Systems, 1992, 52 (3): 305 - 318.

[34] XU Z S, HU H. Projection models for intuitionistic fuzzy multiple attribute decision making [J]. International Journal of Information Technology and Decision Making, 2010, 9 (2):

267 - 280.

[35] JI P, ZHANG H Y, WANG J Q. A projection-based TODIM method under multi-valued neutrosophic environments and its application in personnel selection [J]. Neural Computing and Applications, 2018, 29 (1): 221 - 234.

[36] XU Z S, XIA M M. On distance and correlation measures of hesitant fuzzy information [J]. International Journal of Intelligent Systems, 2011, 26 (5): 410 - 425.

[37] GERSTENKORN T, MAŃKO J. Correlation of intuitionistic fuzzy sets [J]. Fuzzy Sets and Systems, 1991, 44 (1): 39 - 43.

[38] CHAUDHURI B B, BHATTACHARYA A. On correlation between two fuzzy sets [J]. Fuzzy Sets and Systems, 2001, 118 (3): 447 - 456.

[39] FACCHINETTI G, RICCI R G, MUZZIOLI S. Note on ranking fuzzy triangular numbers [J]. International Journal of Intelligent Systems, 1998, 13 (7): 613 - 622.

[40] BAYKASOĞLU A, GÖLCÜK I. Development of an interval type-2 fuzzy sets based hierarchical MADM model by combining DEMATEL and TOPSIS [J]. Expert Systems with Applications, 2017, 70: 37 - 51.

[41] AWASTHI A, KANNAN G. Green supplier development program selection using NGT and VIKOR under fuzzy environment [J]. Computers & Industrial Engineering, 2016, 91: 100 - 108.

[42] PAMUČAR D, ĆIROVIĆ G. The selection of transport and handling resources in logistics centers using Multi-Attributive Border Approximation area Comparison (MABAC) [J]. Expert Systems with Applications, 2015, 42 (6): 3016 - 3028.

[43] ZHANG H Y, PENG H G, WANG J, et al. An extended outranking approach for multi-criteria decision-making problems with linguistic intuitionistic fuzzy numbers [J]. Applied Soft Computing, 2017, 59: 462 - 474.

[44] GOVINDAN K, KADZIŃSKI M, SIVAKUMAR R. Application of a novel PROMETHEE-based method for construction of a group compromise ranking to prioritization of green suppliers in food supply chain [J]. Omega, 2017, 71: 129 - 145.

[45] LI J, WANG J Q. An extended QUALIFLEX method under probability hesitant fuzzy environment for selecting green suppliers [J]. International Journal of Fuzzy Systems, 2017, 19 (6): 1866 - 1879.

[46] GRZEGORZEWSKI P. Distances between intuitionistic fuzzy sets and/or interval-valued fuzzy

sets based on the Hausdorff metric [J]. Fuzzy Sets and Systems, 2004, 148 (2): 319 - 328.

[47] XIA M M, XU Z S. Entropy/cross entropy-based group decision making under intuitionistic fuzzy environment [J]. Information Fusion, 2012, 13 (1): 31 - 47.

[48] YU S M, WANG J, WANG J Q. An interval type-2 fuzzy likelihood-based MABAC approach and its application in selecting hotels on a tourism website [J]. International Journal of Fuzzy Systems, 2017, 19 (1): 47 - 61.

[49] YANG J B, SINGH M G. An Evidential Reasoning Approach for Multiple-Attribute Decision Making with Uncertainty [J]. IEEE Transactions on Fuzzy Systems, Man, and Cybernetics, 1994, 24 (1): 1 - 18.

[50] YANG J B, XU D L. On the evidential reasoning algorithm for multiple attribute decision analysis under uncertainty [J]. IEEE Transactions on Systems, Man, and Cybernetics-Part A: Systems and Humans, 2002, 32 (3): 289 - 304.

[51] YANG J B, WANG Y M, XU D L, et al. The evidential reasoning approach for MADA under both probabilistic and fuzzy uncertainties [J]. European Journal of Operational Research, 2006, 171 (1): 309 - 343.

[52] ZHANG D, YAN X P, ZHANG J F, et al. Use of fuzzy rule-based evidential reasoning approach in the navigational risk assessment of inland waterway transportation systems [J]. Safety Science, 2016, 82: 352 - 360.

[53] ZHOU H, WANG J Q, ZHANG H Y, et al. Linguistic hesitant fuzzy multi-criteria decision-making method based on evidential reasoning [J]. International Journal of Systems Science, 2016, 47 (2): 314 - 327.

[54] CHEN S M, CHENG S H, CHIOU C H. Fuzzy multiattribute group decision making based on intuitionistic fuzzy sets and evidential reasoning methodology [J]. Information Fusion, 2016, 27: 215 - 227.

[55] GUO M, YANG J B, CHIN K S, et al. Evidential reasoning based preference programming for multiple attribute decision analysis under uncertainty [J]. European Journal of Operational Research, 2007, 182 (3): 1294 - 1312.

[56] LIU J, YANG J B, RUAN D, et al. Self-tuning of fuzzy belief rule bases for engineering system safety analysis [J]. Annals of Operations Research, 2008, 163 (1): 143 - 168.

[57] HU C H, SI X S, YANG J B. System reliability prediction model based on evidential rea-

soning algorithm with nonlinear optimization [J]. Expert Systems with Applications, 2010, 37 (3): 2550-2562.

[58] FU C, WANG Y M. An interval difference based evidential reasoning approach with unknown attribute weights and utilities of assessment grades [J]. Computers & Industrial Engineering, 2015, 81: 109-117.

[59] KONG G L, XU D L, YANG J B, et al. Combined medical quality assessment using the evidential reasoning approach [J]. Expert Systems with Applications, 2015, 42 (13): 5522-5530.

[60] HERRERA F, HERRERA-VIEDMA E, VERDEGAY J L. A model of consensus in group decision making under linguistic assessments [J]. Fuzzy Sets and Systems, 1996, 78 (1): 73-87.

[61] BORDOGNA G, FEDRIZZI M, PASI G. A linguistic modeling of consensus in group decision making based on OWA operators [J]. IEEE Transactions on Systems, Man, and Cybernetics-Part A: Systems and Humans, 1997, 27 (1): 126-133.

[62] HERRERA F, HERRERA-VIEDMA E, VERDEGAY J L. A rational consensus model in group decision making using linguistic assessments [J]. Fuzzy Sets and Systems, 1997, 88 (1): 31-49.

[63] PARREIRAS R O, EKEL P Y, MARTINI J S C, et al. A flexible consensus scheme for multicriteria group decision making under linguistic assessments [J]. Information Sciences, 2010, 180 (7): 1075-1089.

[64] HERRERA-VIEDMA E, MARTINEZ L, MATA F, et al. A consensus support system model for group decision-making problems with multigranular linguistic preference relations [J]. IEEE Transactions on Fuzzy Systems, 2005, 13 (5): 644-658.

[65] MATA F, MARTÍNEZ L, HERRERA-VIEDMA E. An adaptive consensus support model for group decision-making problems in a multigranular fuzzy linguistic context [J]. IEEE Transactions on Fuzzy Systems, 2009, 17 (2): 279-290.

[66] CABRERIZO F J, PÉREZ I J, HERRERA-VIEDMA E. Managing the consensus in group decision making in an unbalanced fuzzy linguistic context with incomplete information [J]. Knowledge-Based Systems, 2010, 23 (2): 169-181.

[67] XU J P, WU Z B, ZHANG Y. A consensus based method for multi-criteria group decision making under uncertain linguistic setting [J]. Group Decision and Negotiation, 2014, 23

(1): 127 - 148.

[68] PANG J F, LIANG J Y, SONG P. An adaptive consensus method for multi-attribute group decision making under uncertain linguistic environment [J]. Applied Soft Computing, 2017, 58: 339 - 353.

[69] DONG Y C, CHEN X, HERRERA F. Minimizing adjusted simple terms in the consensus reaching process with hesitant linguistic assessments in group decision making [J]. Information Sciences, 2015, 297: 95 - 117.

[70] DONG Y C, LI C C, XU Y F, et al. Consensus-based group decision making under multi-granular unbalanced 2-tuple linguistic preference relations [J]. Group Decision and Negotiation, 2015, 24 (2): 217 - 242.

[71] WU Z B, XU J P. Managing consistency and consensus in group decision making with hesitant fuzzy linguistic preference relations [J]. Omega, 2016, 65: 28 - 40.

[72] ZHANG Y X, XU Z S, LIAO H C. A consensus process for group decision making with probabilistic linguistic preference relations [J]. Information Sciences, 2017, 414: 260 - 275.

[73] PALOMARES I, MARTINEZ L, HERRERA F. A consensus model to detect and manage noncooperative behaviors in large-scale group decision making [J]. IEEE Transactions on Fuzzy Systems, 2014, 22 (3): 516 - 530.

[74] XU X H, DU Z J, CHEN X H. Consensus model for multi-criteria large-group emergency decision making considering non-cooperative behaviors and minority opinions [J]. Decision Support Systems, 2015, 79: 150 - 160.

[75] DONG Y C, ZHANG H J, HERRERA-VIEDMA E. Integrating experts' weights generated dynamically into the consensus reaching process and its applications in managing non-cooperative behaviors [J]. Decision Support Systems, 2016, 84: 1 - 15.

[76] ZHANG B W, DONG Y C. Consensus rules with minimum adjustments for multiple attribute group decision making [J]. Procedia Computer Science, 2013, 17: 473 - 481.

[77] ZHANG B W, DONG Y C, XU Y F. Multiple attribute consensus rules with minimum adjustments to support consensus reaching [J]. Knowledge-Based Systems, 2014, 67: 35 - 48.

[78] GONG Z W, ZHANG H H, FORREST J, et al. Two consensus models based on the minimum cost and maximum return regarding either all individuals or one individual [J]. European Journal of Operational Research, 2015, 240 (1): 183 - 192.

[79] WU J, DAI L F, CHICLANA F, et al. A minimum adjustment cost feedback mechanism

based consensus model for group decision making under social network with distributed linguistic trust [J]. Information Fusion, 2018, 41: 232 - 242.

[80] TAN C Q, IP W H, CHEN X H. Stochastic multiple criteria decision making with aspiration level based on prospect stochastic dominance [J]. Knowledge-Based Systems, 2014, 70: 231 - 241.

[81] JATO-ESPINO D, RODRIGUEZ-HERNANDEZ J, ANDRES-VALERI V C, et al. A fuzzy stochastic multi-criteria model for the selection of urban pervious pavements [J]. Expert Systems with Applications, 2014, 41 (15): 6807 - 6817.

[82] YUAN J H, LI C B. A new method for multi-attribute decision making with intuitionistic trapezoidal fuzzy random variable [J]. International Journal of Fuzzy Systems, 2017, 19 (1): 15 - 26.

[83] PRADO-LOPEZ V, SEAGER T P, CHESTER M, et al. Stochastic multi-attribute analysis (SMAA) as an interpretation method for comparative life-cycle assessment (LCA) [J]. International Journal of Life Cycle Assessment, 2014, 19 (2): 405 - 416.

[84] COBULOGLU H I, BÜYÜKTAHTAKIN Ī E. A stochastic multi-criteria decision analysis for sustainable biomass crop selection [J]. Expert Systems with Applications, 2015, 42 (15): 6065 - 6074.

[85] WANG J Q, ZHANG H Y, REN S C. Grey stochastic multi-criteria decision-making approach based on expected probability degree [J]. Scientia Iranica, 2013, 20 (3): 873 - 878.

[86] MARTEL J M, ZARAS K. Stochastic dominance in multicriterion analysis under risk [J]. Theory and Decision, 1995, 39 (1): 31 - 49.

[87] ZARAS K. Rough approximation of a preference relation by a multi-attribute dominance for deterministic, stochastic and fuzzy decision problems [J]. European Journal of Operational Research, 2004, 159 (1): 196 - 206.

[88] ZARAS K. Rough approximation of a preference relation by a multi-attribute stochastic dominance for determinist and stochastic evaluation problems [J]. European Journal of Operational Research, 2001, 130 (2): 305 - 314.

[89] NOWAK M. Preference and veto thresholds in multicriteria analysis based on stochastic dominance [J]. European Journal of Operational Research, 2004, 158 (2): 339 - 350.

[90] NOWAK M. INSDECM—an interactive procedure for stochastic multicriteria decision prob-

lems [J]. European Journal of Operational Research, 2006, 175 (3): 1413 - 1430.

[91] NOWAK M. Aspiration level approach in stochastic MCDM problems [J]. European Journal of Operational Research, 2007, 177 (3): 1626 - 1640.

[92] ZHANG Y, FAN Z P, LIU Y. A method based on stochastic dominance degrees for stochastic multiple criteria decision making [J]. Computers & Industrial Engineering, 2010, 58 (4): 544 - 552.

[93] 张尧，樊治平. 基于随机占优度的随机多属性决策方法 [J]. 系统管理学报，2010，19 (4): 371 - 378.

[94] 张尧，樊治平. 基于近似随机优势度的随机多属性决策方法 [J]. 东北大学学报（自然科学版），2010，31 (9): 1357 - 1360，1368.

[95] LIU Y, FAN Z P, ZHANG Y. A method for stochastic multiple criteria decision making based on dominance degrees [J]. Information Sciences, 2011, 181 (19): 4139 - 4153.

[96] LAHDELMA R, HOKKANEN J, SALMINEN P. SMAA-stochastic multiobjective acceptability analysis [J]. European Journal of Operational Research, 1998, 106 (1): 137 - 143.

[97] LAHDELMA R, SALMINEN P. SMAA-2: stochastic multicriteria acceptability analysis for group decision making [J]. Operations Research, 2001, 49 (3): 444 - 454.

[98] LAHDELMA R, SALMINEN P. Pseudo-criteria versus linear utility function in stochastic multi-criteria acceptability analysis [J]. European Journal of Operational Research, 2002, 141 (2): 454 - 469.

[99] LAHDELMA R, SALMINEN P, HOKKANEN J. Locating a waste treatment facility by using stochastic multicriteria acceptability analysis with ordinal criteria [J]. European Journal of Operational Research, 2002, 142 (2): 345 - 356.

[100] ANGILELLA S, CORRENTE S, GRECO S. Stochastic multiobjective acceptability analysis for the Choquet integral preference model and the scale construction problem [J]. European Journal of Operational Research, 2015, 240 (1): 172 - 182.

[101] CORRENTE S, FIGUEIRA J R, GRECO S. The SMAA-PROMETHEE method [J]. European Journal of Operational Research, 2014, 239 (2): 514 - 522.

[102] OKUL D, GENCER C, AYDOGAN E K. A method based on SMAA-topsis for stochastic multi-criteria decision making and a real-world application [J]. International Journal of Information Technology and Decision Making, 2014, 13 (5): 957 - 978.

[103] YANG F, SONG S L, HUANG W, et al. SMAA-PO: project portfolio optimization prob-

lems based on stochastic multicriteria acceptability analysis [J]. Annals of Operations Research, 2015, 233 (1): 535-547.

[104] DURBACH I, LAHDELMA R, SALMINEN P. The analytic hierarchy process with stochastic judgements [J]. European Journal of Operational Research, 2014, 238 (2): 552-559.

[105] 刘洋，樊治平，张尧. 一种考虑属性具有关联性的正态随机多属性决策方法 [J]. 运筹与管理，2011，20 (5): 20-26.

[106] WANG X F, WANG J Q, DENG S Y. Some geometric aggregation operators based on log-normally distributed random variables [J]. International Journal of Computational Intelligence Systems, 2014, 7 (6): 1096-1108.

[107] 王坚强，唐平. 基于区间粗糙算子的粗糙随机多准则决策方法 [J]. 控制与决策，2011，26 (7): 1056-1059，1064.

[108] YANG Z H, CHEN Y, LI T Y, et al. Stochastic rough normal distribution multi-criteria decision-making method based on SRN-WAA operator [C] //Management Science and Engineering (ICMSE), 2013 International Conference on IEEE, 2013: 458-462.

[109] LOURENZUTTI R, KROHLING R A. The Hellinger distance in multicriteria decision making: An illustration to the TOPSIS and TODIM methods [J]. Expert Systems with Applications, 2014, 41 (9): 4414-4421.

[110] MOUSAVI S M, JOLAI F, TAVAKKOLI-MOGHADDAM R. A fuzzy stochastic multi-attribute group decision-making approach for selection problems [J]. Group Decision and Negotiation, 2013, 22 (2): 207-233.

[111] PENG L Y, LIU P D, LIU Z M, et al. Research on the random multi-attribute decision-making methods with trapezoidal fuzzy probability based on prospect theory [J]. Journal of Intelligent and Fuzzy Systems, 2014, 26 (5): 2131-2141.

[112] PENG X D, DAI J G. Approaches to Pythagorean fuzzy stochastic multi-criteria decision making based on prospect theory and regret theory with new distance measure and score function [J]. International Journal of Intelligent Systems, 2017, 32 (11): 1187-1214.

[113] PENG X D, YANG Y. Algorithms for interval-valued fuzzy soft sets in stochastic multi-criteria decision making based on regret theory and prospect theory with combined weight [J]. Applied Soft Computing, 2017, 54: 415-430.

[114] GAO J W, LIU H H. Interval-valued intuitionistic fuzzy stochastic multi-criteria decision-mak-

ing method based on prospect theory [J]. Kybernetes, 2015, 44 (1): 25 –42.

[115] CAO Y X, ZHOU H, WANG J Q. An approach to interval-valued intuitionistic stochastic multi-criteria decision-making using set pair analysis [J]. International Journal of Machine Learning and Cybernetics, 2018 (4): 629 –640.

[116] ZADEH L A. The concept of a linguistic variable and its application to approximate reasoning: I [J]. Information Sciences, 1975, 8 (3): 199 –249.

[117] LIU J, MARTÍNEZ L, WANG H Y, et al. Computing with words in risk assessment [J]. International Journal of Computational Intelligence Systems, 2010, 3 (4): 396 –419.

[118] HERRERA-VIEDMA E, LÓPEZ-HERRERA A G. A review on information accessing systems based on fuzzy linguistic modelling [J]. International Journal of Computational Intelligence Systems, 2010, 3 (4): 420 –437.

[119] WANG W P. Evaluating new product development performance by fuzzy linguistic computing [J]. Expert Systems with Applications, 2009, 36 (6): 9759 –9766.

[120] CHEN Y H, WANG T C, WU C Y. Multi-criteria decision making with fuzzy linguistic preference relations [J]. Applied Mathematical Modelling, 2011, 35 (3): 1322 –1330.

[121] HERRERA F, MARTINEZ L. A 2-tuple fuzzy linguistic representation model for computing with words [J]. IEEE Transactions on Fuzzy Systems, 2000, 8 (6): 746 –752.

[122] XU Z S. Uncertain linguistic aggregation operators based approach to multiple attribute group decision making under uncertain linguistic environment [J]. Information Sciences, 2004, 168 (1 –4): 171 –184.

[123] DOUKAS H, KARAKOSTA C, PSARRAS J. Computing with words to assess the sustainability of renewable energy options [J]. Expert Systems with Applications, 2010, 37 (7): 5491 –5497.

[124] TAN C Q, WU D D, MA B J. Group decision making with linguistic preference relations with application to supplier selection [J]. Expert Systems with Applications, 2011, 38 (12): 14382 –14389.

[125] CHEN C T. Extensions of the TOPSIS for group decision-making under fuzzy environment [J]. Fuzzy Sets and Systems, 2000, 114 (1): 1 –9.

[126] LI D F, CHEN G H, HUANG Z G. Linear programming method for multiattribute group decision making using IF sets [J]. Information Sciences, 2010, 180 (9): 1591 –1609.

[127] MENDEL J M, WU D R. Perceptual computing: Aiding people in making subjective judg-

ments [M]. Piscataway: Wiley-IEEE Press, 2010.

[128] BORAN F E, GENC S, KURT M, et al. A multi-criteria intuitionistic fuzzy group decision making for supplier selection with TOPSIS method [J]. Expert Systems with Applications, 2009, 36 (8): 11363 - 11368.

[129] ZHOU S M, CHICLANA F, JOHN R I, et al. Alpha-level aggregation: a practical approach to type-1 OWA operation for aggregating uncertain information with applications to breast cancer treatments [J]. IEEE Transactions on Knowledge and Data Engineering, 2011, 23 (10): 1455 - 1468.

[130] WANG J Q, WANG P, WANG J, et al. Atanassov's interval-valued intuitionistic linguistic multicriteria group decision-making method based on the trapezium cloud model [J]. IEEE Transactions on Fuzzy Systems, 2015, 23 (3): 542 - 554.

[131] WANG J Q, PENG J J, ZHANG H Y, et al. An uncertain linguistic multi-criteria group decision-making method based on a cloud model [J]. Group Decision and Negotiation, 2015, 24 (1): 171 - 192.

[132] WANG J Q, WU J T, WANG J, et al. Interval-valued hesitant fuzzy linguistic sets and their applications in multi-criteria decision-making problems [J]. Information Sciences, 2014, 288: 55 - 72.

[133] ZHOU L G, CHEN H Y. The induced linguistic continuous ordered weighted geometric operator and its application to group decision making [J]. Computers & Industrial Engineering, 2013, 66 (2): 222 - 232.

[134] XIAN S D, SUN W J. Fuzzy linguistic induced Euclidean OWA distance operator and its application in group linguistic decision making [J]. International Journal of Intelligent Systems, 2014, 29 (5): 478 - 491.

[135] LIU J P, CHEN H Y, ZHOU L G, et al. Generalized linguistic ordered weighted hybrid logarithm averaging operators and applications to group decision making [J]. International Journal of Uncertainty, Fuzziness and Knowledge-Based Systems, 2015, 23 (3): 421 - 442.

[136] MERIGÓ J M, PALACIOS-MARQUÉS D, ZENG S Z. Subjective and objective information in linguistic multi-criteria group decision making [J]. European Journal of Operational Research, 2016, 248 (2): 522 - 531.

[137] AGGARWAL M. Linguistic discriminative aggregation in multicriteria decision making

[J]. International Journal of Intelligent Systems, 2016, 31 (6): 529 -555.

[138] LI C G, ZENG S Z, PAN T J, et al. A method based on induced aggregation operators and distance measures to multiple attribute decision making under 2-tuple linguistic environment [J]. Journal of Computer and System Sciences, 2014, 80 (7): 1339 -1349.

[139] WAN S P. Some hybrid geometric aggregation operators with 2-tuple linguistic information and their applications to multi-attribute group decision making [J]. International Journal of Computational Intelligence Systems, 2013, 6 (4): 750 -763.

[140] MERIGÓ J M, GIL-LAFUENTE A M. Induced 2-tuple linguistic generalized aggregation operators and their application in decision-making [J]. Information Sciences, 2013, 236: 1 -16.

[141] JIANG X P, WEI G W. Some Bonferroni mean operators with 2-tuple linguistic information and their application to multiple attribute decision making [J]. Journal of Intelligent and Fuzzy Systems, 2014, 27 (5): 2153 -2162.

[142] MENG F Y, TANG J. Extended 2-tuple linguistic hybrid aggregation operators and their application to multi-attribute group decision making [J]. International Journal of Computational Intelligence Systems, 2014, 7 (4): 771 -784.

[143] NING X, YUAN J P, YUE X K, et al. Induced generalized Choquet aggregating operators with linguistic information and their application to multiple attribute decision making based on the intelligent computing [J]. Journal of Intelligent and Fuzzy Systems, 2014, 27 (3): 1077 -1085.

[144] JIANG L, LIU H B, CAI J F. The power average operator for unbalanced linguistic term sets [J]. Information Fusion, 2015, 22: 85 -94.

[145] QIN J D, LIU X W. 2-tuple linguistic Muirhead mean operators for multiple attribute group decision making and its application to supplier selection [J]. Kybernetes, 2016, 45 (1): 2 -29.

[146] XU Z S. An approach based on the uncertain LOWG and induced uncertain LOWG operators to group decision making with uncertain multiplicative linguistic preference relations [J]. Decision Support Systems, 2006, 41 (2): 488 -499.

[147] XU Z S. Induced uncertain linguistic OWA operators applied to group decision making [J]. Information Fusion, 2006, 7 (2): 231 -238.

[148] PENG B, YE C M. Some induced uncertain geometric aggregation operators with pure lin-

guistic information and their application to group decision making [J]. International Journal of Uncertainty, Fuzziness and Knowledge-Based Systems, 2013, 21 (5): 723 - 742.

[149] PENG B, YE C M, ZENG S Z. Uncertain pure linguistic hybrid harmonic averaging operator and generalized interval aggregation operator based approach to group decision making [J]. Knowledge-Based Systems, 2012, 36: 175 - 181.

[150] PENG B, YE C M. An approach based on the induced uncertain pure linguistic hybrid harmonic averaging operator to group decision making [J]. Economic Computation and Economic Cybernetics Studies and Research, 2013, 47 (4): 275 - 295.

[151] MENG F Y, TAN C Q, ZHANG Q. An approach to multi-attribute group decision making under uncertain linguistic environment based on the Choquet aggregation operators [J]. Journal of Intelligent and Fuzzy Systems, 2014, 26 (2): 769 - 780.

[152] ZHOU L Y, LIN R, ZHAO X F, et al. Uncertain linguistic prioritized aggregation operators and their application to multiple attribute group decision making [J]. International Journal of Uncertainty, Fuzziness and Knowledge-Based Systems, 2013, 21 (4): 603 - 627.

[153] WEI G W, ZHAO X F, LIN R, et al. Uncertain linguistic Bonferroni mean operators and their application to multiple attribute decision making [J]. Applied Mathematical Modelling, 2013, 37 (7): 5277 - 5285.

[154] LI D Q, ZENG W Y, LI J H. Note on uncertain linguistic Bonferroni mean operators and their application to multiple attribute decision making [J]. Applied Mathematical Modelling, 2015, 39 (2): 894 - 900.

[155] PARK J H, GWAK M G, KWUN Y C. Uncertain linguistic harmonic mean operators and their applications to multiple attribute group decision making [J]. Computing, 2011, 93 (1): 47 - 64.

[156] YANG Z, MA H Y, WANG H. Induced generalized uncertain linguistic correlated averaging operator and their application to multiple attribute decision making [J]. Journal of Intelligent and Fuzzy Systems, 2014, 26 (5): 2271 - 2279.

[157] RODRIGUEZ R M, MARTINEZ L, HERRERA F. Hesitant fuzzy linguistic term sets for decision making [J]. IEEE Transactions on Fuzzy Systems, 2012, 20 (1): 109 - 119.

[158] RODRIGUEZ R M, MARTINEZ L, HERRERA F. A group decision making model dealing with comparative linguistic expressions based on hesitant fuzzy linguistic term sets [J]. Information Sciences, 2013, 241: 28 - 42.

[159] LIU H B, RODRÍGUEZ R M. A fuzzy envelope for hesitant fuzzy linguistic term set and its application to multicriteria decision making [J]. Information Sciences, 2014, 258: 220 - 238.

[160] LEE L W, CHEN S M. Fuzzy decision making based on likelihood-based comparison relations of hesitant fuzzy linguistic term sets and hesitant fuzzy linguistic operators [J]. Information Sciences, 2015, 294: 513 - 529.

[161] WEI C P, ZHAO N, TANG X J. Operators and comparisons of hesitant fuzzy linguistic term sets [J]. IEEE Transactions on Fuzzy Systems, 2014, 22 (3): 575 - 585.

[162] LIAO H C, XU Z S. Approaches to manage hesitant fuzzy linguistic information based on the cosine distance and similarity measures for HFLTSs and their application in qualitative decision making [J]. Expert Systems with Applications, 2015, 42 (12): 5328 - 5336.

[163] ZHU B, XU Z S. Consistency measures for hesitant fuzzy linguistic preference relations [J]. IEEE Transactions on Fuzzy Systems, 2014, 22 (1): 35 - 45.

[164] 夏梅梅. 模糊决策信息集成方式及测度研究 [D]. 南京: 东南大学, 2012.

[165] WANG J Q, WANG J, CHEN Q H, et al. An outranking approach for multi-criteria decision-making with hesitant fuzzy linguistic term sets [J]. Information Sciences, 2014, 280: 338 - 351.

[166] WANG J, WANG J Q, ZHANG H Y, et al. Multi-criteria decision-making based on hesitant fuzzy linguistic term sets: An outranking approach [J]. Knowledge-Based Systems, 2015, 86: 224 - 236.

[167] WANG H. Extended hesitant fuzzy linguistic term sets and their aggregation in group decision making [J]. International Journal of Computational Intelligence Systems, 2015, 8 (1): 14 - 33.

[168] WANG J Q, WANG J, ZHANG H Y, et al. Multi-criteria group decision-making approach based on 2-tuple linguistic aggregation operators with multi-hesitant fuzzy linguistic information [J]. International Journal of Fuzzy Systems, 2016, 18 (1): 81 - 97.

[169] XU Z S. A method based on linguistic aggregation operators for group decision making with linguistic preference relations [J]. Information Sciences, 2004, 166 (1 - 4): 19 - 30.

[170] ZHANG Z M, WU C. Hesitant fuzzy linguistic aggregation operators and their applications to multiple attribute group decision making [J]. Journal of Intelligent and Fuzzy Systems, 2014, 26 (5): 2185 - 2202.

[171] BEG I, RASHID T. TOPSIS for hesitant fuzzy linguistic term sets [J]. International Jour-

nal of Intelligent Systems, 2013, 28 (12): 1162 - 1171.

[172] LIAO H C, XU Z S, ZENG X J, et al. Qualitative decision making with correlation coefficients of hesitant fuzzy linguistic term sets [J]. Knowledge-Based Systems, 2015, 76: 127 - 138.

[173] MONTES R, SÁNCHEZ A M, VILLAR P, et al. A web tool to support decision making in the housing market using hesitant fuzzy linguistic term sets [J]. Applied Soft Computing, 2015, 35: 949 - 957.

[174] WANG Y H, LI L. Models for multiple attribute decision making with hesitant fuzzy linguistic information and their application to enterprise risk evaluation [J]. Journal of Intelligent and Fuzzy Systems, 2016, 30 (3): 1531 - 1536.

[175] YAVUZ M, OZTAYSI B, ONAR S C, et al. Multi-criteria evaluation of alternative-fuel vehicles via a hierarchical hesitant fuzzy linguistic model [J]. Expert Systems with Applications, 2015, 42 (5): 2835 - 2848.

[176] ZHANG G Q, DONG Y C, XU Y F. Consistency and consensus measures for linguistic preference relations based on distribution assessments [J]. Information Fusion, 2014, 17 (1): 46 - 55.

[177] WU Y Z, ZHANG H J, DONG Y C. Linguistic distribution assessments with interval symbolic proportions [J]. Knowledge-Based Systems, 2015, 82: 139 - 151.

[178] WU Y Z, LI C C, CHEN X, et al. Group decision making based on linguistic distributions and hesitant assessments: Maximizing the support degree with an accuracy constraint [J]. Information Fusion, 2018, 41: 151 - 160.

[179] HUANG J, LI Z J, LIU H C. New approach for failure mode and effect analysis using linguistic distribution assessments and TODIM method [J]. Reliability Engineering & System Safety, 2017, 167: 302 - 309.

[180] PANG Q, WANG H, XU Z S. Probabilistic linguistic linguistic term sets in multi-attribute group decision making [J]. Information Sciences, 2016, 369: 128 - 143.

[181] GOU X J, XU Z S. Novel basic operational laws for linguistic terms, hesitant fuzzy linguistic term sets and probabilistic linguistic term sets [J]. Information Sciences, 2016, 372: 407 - 427.

[182] BAI C Z, ZHANG R, QIAN L X, et al. Comparisons of probabilistic linguistic term sets for multi-criteria decision making [J]. Knowledge-Based Systems, 2017, 119: 284 - 291.

[183] ZHANG Y X, XU Z S, WANG H, et al. Consistency-based risk assessment with probabilistic linguistic preference relation [J]. Applied Soft Computing, 2016, 49: 817 - 833.

[184] LIANG D C, KOBINA A, QUAN W. Grey relational analysis method for probabilistic linguistic multi-criteria group decision-making based on geometric bonferroni mean [J]. International Journal of Fuzzy Systems, 2017, 20 (1): 1 - 11

[185] LIAO H C, JIANG L S, XU Z S, et al. A linear programming method for multiple criteria decision making with probabilistic linguistic information [J]. Information Sciences, 2017, 415: 341 - 355.

[186] CHENG X, GU J, XU Z S. Venture capital group decision-making with interaction under probabilistic linguistic environment [J]. Knowledge-Based Systems, 2018, 140: 82 - 91.

[187] LIU P D, YOU X L. Probabilistic linguistic TODIM approach for multiple attribute decision-making [J]. Granular Computing, 2017, 2 (4): 333 - 342.

[188] ZHANG X. A Novel Probabilistic Linguistic Approach for Large-Scale Group Decision Making with Incomplete Weight Information [J]. International Journal of Fuzzy Systems, 2017. https: //doi. org/10. 1007/s40815 - 017 - 0375 - 1.

[189] ZHANG X L, XING X M. Probabilistic linguistic VIKOR method to evaluate green supply chain initiatives [J]. Sustainability, 2017, 9 (7): 1231.

[190] HERRERA F, HERRERA-VIEDMA E, MARTÍNEZ L. A fusion approach for managing multi-granularity linguistic term sets in decision making [J]. Fuzzy Sets and Systems, 2000, 114 (1): 43 - 58.

[191] HERRERA F, HERRERA-VIEDMA E, VERDEGAY J L. A sequential selection process in group decision making with a linguistic assessment approach [J]. Information Sciences, 1995, 85 (4): 223 - 239.

[192] 刘武，裴登峰. 费希纳的心理物理学与现代定量心理学的测量方法论评述 [J]. 东北大学学报（社会科学版）, 2004, 6 (3): 168 - 171.

[193] 鲍广宇，连向磊，何明，等. 基于新型语言评估标度的二元语义改进模型 [J]. 控制与决策, 2010, 25 (5): 780 - 784.

[194] OPRICOVIC S. Multicriteria optimization of civil engineering systems [J]. Faculty of Civil Engineering, Belgrade, 1998, 2 (1): 5 - 21.

[195] REZAEI J. Best-worst multi-criteria decision-making method [J]. Omega, 2015, 53: 49 - 57.

[196] BRANS J P, VINCKE P, MARESCHAL B. How to select and how to rank projects: the PROMETHEE method [J]. European Journal of Operational Research, 1986, 24 (2): 228 - 238.

[197] BRANS J P, VINCKE P. A preference ranking organisation method: The PROMETHEE method for multiple criteria decision-making [J]. Management science, 1985, 31 (6): 647 - 656.

[198] KAHNEMAN D A, TVERSKY A N. Prospect theory: an analysis of decision under risk [J]. Econometrica, 1979, 47 (2): 263 - 291.

[199] GOMES L, LIMA M. TODIM: Basics and application to multicriteria ranking of projects with environmental impacts [J]. Foundations of Computing and Decision Sciences, 1992, 16 (4): 113 - 127.

[200] REN Z L, XU Z S, WANG H. Dual hesitant fuzzy VIKOR method for multi-criteria group decision making based on fuzzy measure and new comparison method [J]. Information Sciences, 2017, 388: 1 - 16.

[201] SANAYEI A, MOUSAVI S F, YAZDANKHAH A. Group decision making process for supplier selection with VIKOR under fuzzy environment [J]. Expert Systems with Applications, 2010, 37 (1): 24 - 30.

[202] XU F Q, LIU J C, LIN S S, et al. A VIKOR-based approach for assessing the service performance of electric vehicle sharing programs: A case study in Beijing [J]. Journal of Cleaner Production, 2017, 148: 254 - 267.

[203] LIAO H C, XU Z S. A VIKOR-based method for hesitant fuzzy multi-criteria decision making [J]. Fuzzy Optimization and Decision Making, 2013, 12 (4): 373 - 392.

[204] XUE Y X, YOU J X, LAI X D, et al. An interval-valued intuitionistic fuzzy MABAC approach for material selection with incomplete weight information [J]. Applied Soft Computing, 2016, 38: 703 - 713.

[205] ZHANG G Q, SHANG J, YILDIRIM P. Optimal pricing for group buying with network effects [J]. Omega, 2016, 63: 69 - 82.

[206] DELLAROCAS C. The digitization of word of mouth: Promise and challenges of online feedback mechanisms [J]. Management Science, 2003, 49 (10): 1407 - 1424.

[207] BUHALIS D, LAW R. Progress in information technology and tourism management: 20 years on and 10 years after the Internet—The state of eTourism research [J]. Tourism

Management, 2008, 29 (4): 609 -623.

[208] LITVIN S W, GOLDSMITH R E, PAN B. Electronic word-of-mouth in hospitality and tourism management [J]. Tourism Management, 2008, 29 (3): 458 -468.

[209] FLÔRES L P, DOS A F A, VIEIRA D S M, et al. Satisfaction in hospitality on TripAdvisor. com: An analysis of the correlation between evaluation criteria and overall satisfaction [J]. Tourism & Management Studies, 2014, 10 (1): 59 -65.

[210] FANG B, YE Q, KUCUKUSTA D, et al. Analysis of the perceived value of online tourism reviews: Influence of readability and reviewer characteristics [J]. Tourism Management, 2016, 52: 498 -506.

[211] HUANG C W, HO F N, CHIU Y H. Measurement of tourist hotels' productive efficiency, occupancy, and catering service effectiveness using a modified two-stage DEA model in Taiwan [J]. Omega, 2014, 48: 49 -59.

[212] RHEE H T, YANG S B. How does hotel attribute importance vary among different travelers? An exploratory case study based on a conjoint analysis [J]. Electronic Markets, 2015, 25 (3): 211 -226.

[213] YU S M, WANG J, WANG J Q, et al. A multi-criteria decision-making model for hotel selection with linguistic distribution assessments [J]. Applied Soft Computing, 2017, 67: 741 -755.

[214] LIU S W, LAW R, RONG J, et al. Analyzing changes in hotel customers' expectations by trip mode [J]. International Journal of Hospitality Management, 2013, 34: 359 -371.

[215] DOLNICAR S, OTTER T. Which hotel attributes matter? A review of previous and a framework for future research [C] // Processing of the 9th Annual Conference of the Asia Pacific Tourism Association, University of Technology Sydney, 2003: 176 -188.

[216] SHANAHAN K J, HYMAN M R. An exploratory study of desired hotel attributes for American tourists vacationing in China and Ireland [J]. Journal of Vacation Marketing, 2007, 13 (2): 107 -118.

[217] LIU Y, FAN Z P, ZHANG X. A method for large group decision-making based on evaluation information provided by participators from multiple groups [J]. Information Fusion, 2016, 29: 132 -141.

[218] 梁霞，姜艳萍，高梦. 基于在线评论的产品选择方法 [J]. 东北大学学报（自然科学版），2017，38（1）：143 -147.

[219] SADAGHIANI S, AHMAD K W, REZAEI J, et al. Evaluation of external forces affecting supply chain sustainability in oil and gas industry using Best Worst Method [C] //2015 international Mediterranean Gas and oil conference (MedGO), IEEE, 2015: 1-4.

[220] GHIMIRE M, BOYER T A, CHUNG C J, et al. Consumers' shares of preferences for turfgrass attributes using a discrete choice experiment and the Best-Worst method [J]. HortScience: A Publication of the American Society for Horticultural Science, 2016, 51 (7): 892-898.

[221] REZAEI J, WANG J, TAVASSZY L. Linking supplier development to supplier segmentation using Best Worst Method [J]. Expert Systems with Applications, 2015, 42 (23): 9152-9164.

[222] CHEN X, ZHANG H J, DONG Y C. The fusion process with heterogeneous preference structures in group decision making: A survey [J]. Information Fusion, 2015, 24: 72-83.

[223] ZHANG X L, XU Z S, WANG H. Heterogeneous multiple criteria group decision making with incomplete weight information: A deviation modeling approach [J]. Information Fusion, 2015, 25: 49-62.

[224] WAN S P, LI D F. Fuzzy mathematical programming approach to heterogeneous multiattribute decision-making with interval-valued intuitionistic fuzzy truth degrees [J]. Information Sciences, 2015, 325: 484-503.

[225] LOURENZUTTI R, KROHLING R A. A generalized TOPSIS method for group decision making with heterogeneous information in a dynamic environment [J]. Information Sciences, 2016, 330: 1-18.

[226] WAN S P, XU J, DONG J Y. Aggregating decision information into interval-valued intuitionistic fuzzy numbers for heterogeneous multi-attribute group decision making [J]. Knowledge-Based Systems, 2016, 113: 155-170.